Para

com votos de paz.

/   /

DIVALDO FRANCO
Pelo Espírito Vianna de Carvalho

MÉDIUNS E MEDIUNIDADES

EDITORA LEAL

Salvador
9. ed. - 2025

COPYRIGHT © (1990)
CENTRO ESPÍRITA CAMINHO DA REDENÇÃO
Rua Jayme Vieira Lima, 104
Pau da Lima, Salvador, BA.
CEP 412350-000
SITE: https://mansaodocaminho.com.br
EDIÇÃO: 9. ed. (3ª reimpressão) – 2025
TIRAGEM: 1.000 exemplares (milheiro: 43.500)
COORDENAÇÃO EDITORIAL
Lívia Maria Sousa

REVISÃO
Adriano Ferreira · Maíra Loiola
CAPA
Cláudio Urpia
MONTAGEM DE CAPA
Eduardo Lopez
EDITORAÇÃO ELETRÔNICA
Eduardo Lopez
COEDIÇÃO E PUBLICAÇÃO
Instituto Beneficente Boa Nova

PRODUÇÃO GRÁFICA
LIVRARIA ESPÍRITA ALVORADA EDITORA – LEAL
E-mail: editora.leal@cecr.com.br

DISTRIBUIÇÃO
INSTITUTO BENEFICENTE BOA NOVA
Av. Porto Ferreira, 1031, Parque Iracema. CEP 15809-020 Catanduva-SP.
Contatos: (17) 3531-4444 | (17) 99777-7413 (WhatsApp)
E-mail: boanova@boanova.net
Vendas on-line: https://www.livrarialeal.com.br

Dados Internacionais de Catalogação na Publicação (CIP)
(Catalogação na fonte)
BIBLIOTECA JOANNA DE ÂNGELIS

F825	FRANCO, Divaldo Pereira. (1927) *Médiuns e mediunidades*. 9. ed. / Pelo Espírito Vianna de Carvalho [psicografado por] Divaldo Pereira Franco. Salvador: LEAL, 2025. 144 p. ISBN: 978-85-8266-115-4 1. Espiritismo 2. Médiuns 3. Mediunidades I. Franco, Divaldo II. Título CDD: 133.93

Bibliotecária responsável: Maria Suely de Castro Martins – CRB-5/509

DIREITOS RESERVADOS: todos os direitos de reprodução, cópia, comunicação ao público e exploração econômica desta obra estão reservados, única e exclusivamente, para o Centro Espírita Caminho da Redenção. Proibida a sua reprodução parcial ou total, por qualquer meio, sem expressa autorização, nos termos da Lei 9.610/98.
Impresso no Brasil | Presita en Brazilo

Sumário

	Médiuns e mediunidades	7
I.	A Religião Espírita	13
II.	O Livro dos Médiuns	19
III.	Cepticismo ante a mediunidade	23
IV.	Evocação dos espíritos	27
V.	Consciência mediúnica	31
VI.	Dons mediúnicos	39
VII.	Ser médium	41
VIII.	Fenômenos mediúnicos	45
IX.	Responsabilidade mediúnica	49
X.	Objetivo da mediunidade	53
XI.	Problemas da mediunidade	57
XII.	Obstáculos à mediunidade nobre	61
XIII.	Educação das forças mediúnicas	67
XIV.	Mistificações na mediunidade	71
XV.	Rivalidade entre os médiuns	75
XVI.	Obsessão na mediunidade	79

XVII.	Médiuns em desconcerto	83
XVIII.	Médiuns-fenômenos	87
XIX.	Médiuns imperfeitos	91
XX.	Médiuns instáveis	95
XXI.	Médiuns exibicionistas e problemáticos	99
XXII.	Médiuns sensacionalistas	105
XXIII.	Mediunidade e Jesus	109
XXIV.	Calvário dos médiuns	113
XXV.	Médiuns seguros	117
XXVI.	Médiuns responsáveis	121
XXVII.	Médiuns profetas	125
XXVIII.	Médiuns curadores	129
XXIX.	Médiuns iluminados	133
XXX.	Mediunato	137

MÉDIUNS E MEDIUNIDADES

No *variado caleidoscópio das faculdades mediúnicas, sempre serão encontradas expressões novas e pessoais que se apresentam conforme o grau evolutivo de cada criatura, os seus valores morais e intelectuais, ao lado dos objetivos da sua existência corporal.*

Podemos afirmar, como efeito, que cada médium, em particular, tem as suas próprias características, embora na generalidade todos se apresentem com síndromes semelhantes.

Na multiplicidade das manifestações, podemos encontrar a unidade do fenômeno por cujo meio se identificam os portadores da natureza mediúnica.

Para um correto estudo das mediunidades e dos médiuns não se pode deixar em plano secundário a Doutrina Espírita, que é a luz capaz de penetrar-lhes os escaninhos mais escondidos, liberando-os dos mitos e atualizando-os de conformidade com as leis naturais que regem a vida. Particularmente, O Livro dos Médiuns, *que é o compêndio insuperável para o entendimento da grave percepção mediúnica e de como se devem comportar aqueles que lhe são portadores.*

Allan Kardec, na condição de observador sábio, foi capaz de retirar do aparente frívolo divertimento das "mesas girantes e falantes", uma doutrina séria, quão profunda, que o colocou ao lado dos grandes benfeitores da Humanidade. Não se deteve no pórtico do deslumbramento; porém, do efeito inteligente, que eram as respostas fornecidas pelas mesas, remontou às suas causas, encontrando os Espíritos que se lhes faziam os agentes verdadeiros. Mediante um bem urdido trabalho de investigação, demitizou o sobrenatural e o miraculoso, que passaram à área fenomênica das manifestações paranormais inerentes à natureza humana.

Francisco Redi, por exemplo, observando as moscas que punham os seus ovos nas carnes, favorecendo-as com o surgimento das larvas, cobriu-as com uma gaze e desmontou o conceito da geração espontânea.

Antes dele, Galileu, Copérnico e outros, estudando o movimento dos astros, retificaram a velha concepção do sistema geocêntrico.

Pasteur, dando-se conta da possibilidade da vida micro-orgânica, utilizou-se de equipamentos hábeis e abriu horizontes infinitos para a ciência.

A galeria dos observadores sábios dos fenômenos da natureza é imensa.

Os Espíritos, que eram considerados os mortos, os adormecidos ou os desagregados, voltaram à realidade do pensamento e alteraram profundamente o comportamento humano a partir de então.

Ao lado disto, surgiu a constatação da vida futura e de como prossegue em relação a cada indivíduo, sem uma ordem fixa, estabelecida na rigidez dogmática vigente no passado.

Dilataram-se as paisagens do Além-túmulo e alteraram-se as ideias a respeito da Divina Justiça.

O homem é, ao mesmo tempo, semeador e segador do destino, modificando-o sempre conforme os seus atos, jamais submisso compulsoriamente aos caprichos de um determinismo infeliz.

Para esse desiderato, os médiuns foram concitados a abandonar os falsos adornos que os fantasiaram por meio da história, surgindo, então, como personalidades humanas comuns, sem as equivocadas figurações que os tipificaram no passado, em cujos períodos desempenharam papel relevante.

A mediunidade é sempre uma percepção moralmente neutra, sendo os efeitos do seu exercício compatíveis com os valores éticos e morais daqueles que a detêm.

Outrossim, não são os médiuns santos, apóstolos ou missionários, mas homens sujeitos a grandezas e misérias, qual ocorre com todos os demais indivíduos.

Vulgarizando-se a mediunidade e desvelando-se, cada dia, um maior número de médiuns, já não mais sob os azorragues da perseguição, nem as castrações da ignorância ou as místicas do desconhecimento dos fenômenos, surgem novas fantasias e fascínios em torno das suas figuras, que merecem exame criterioso, cuidadosa observação e honestas advertências.

A mediunidade não é sinal de santificação nem representa característica divinatória. Constitui, apenas, um meio de entrar em contato com as almas que viveram na Terra, sendo os médiuns, por isso mesmo, mais responsáveis do que as demais pessoas, por possuírem a prova da sobrevivência que chega a todos por seu intermédio.

O respeito e a dedicação que imponham ao trabalho é o que irá credenciá-los, naturalmente, à estima e à admiração do próximo, como sucede com qualquer pessoa na mais obscura ou relevante atividade a que se dedique.

As mensagens de que se façam objeto, seus conselhos e comportamentos, merecem análise fraternal, a fim de que não venham a ser os "cegos conduzindo outros cegos", a que se refere o ensinamento evangélico. Que busquem alcançar o mediunato, evitando a presunção de se tornarem portadores de missões extraordinárias, especiais e infalíveis.

A jornada humana é sempre susceptível de fracassos, de equívocos, de recomeços.

A mediunidade, no entanto, aplicada para o serviço do bem, pode converter-se em instrumento de luz para o seu portador, tanto quanto para todos aqueles que a buscam.

Nunca se deve abdicar, porém, do direito da dúvida saudável, do cuidado em relação às revelações sensacionalistas e às opiniões precipitadas, nas áreas que compete à ciência e aos seus estudiosos opinar.

Pensando nos escolhos e nas bênçãos que defluem da vivência da mediunidade e do comportamento dos médiuns, resolvemos examinar algumas dessas faculdades, bem como os seus instrumentos, tendo em vista a desatenção e a popularidade de que gozam na atualidade, igualmente pensando na necessidade de chamar a atenção para a Doutrina Espírita, que paira acima de quaisquer conceitos de revisionismo e de superação científica.

Alguns destes capítulos, oportunamente, foram publicados em vários órgãos espíritas, e por nós próprios, agora, refundidos, alterados e adaptados para a melhor harmonia do conjunto.

Nada apresentamos de original, que Allan Kardec não se haja preocupado e estudado a seu tempo.

O nosso esforço objetiva repetir o já conhecido, de maneira pessoal, com enfoques e formulações resultantes das nossas observações do lado de cá, contribuindo, assim, para preservação do caráter de seriedade que devem sempre merecer a mediunidade e os médiuns, como homenagem também a Jesus, que é o Excelente Médium de Deus.

Vianna de Carvalho
Salvador, 16 de outubro de 1989.

I
A RELIGIÃO ESPÍRITA

O homem contemporâneo necessita viver com religiosidade, em face dos avançados engenhos das modernas ciências e da tecnologia.

Embora se acusem as religiões de serem fomentadoras de guerras lamentáveis e intérminas, nas quais a crueldade atingiu as suas mais bárbaras expressões, dizimando milhões de vidas, todas possuem como fundamento a crença em um Deus-Amor, apesar de severo umas vezes e complacente outras, conforme a filosofia abordada em cada uma. Por extensão, ensinam a crença na imortalidade da alma e na justiça que não se iluda nunca, alcançando o infrator por mais este procure evadir-se.

Bem se depreende que a falência não é da fé religiosa em si mesma, porém, do homem ignorante, que se fanatiza; astuto, que se torna prepotente; malvado, que se compraz no crime; complexado, que se utiliza de qualquer recurso para atingir os acumes da vida, escondendo-se na impiedade e perversão a que se entrega.

O homem, este sim, deve ser a meta de todas as crenças religiosas, trabalhando-lhe o caráter, iluminando-lhe a consciência, dulcificando-lhe os sentimentos, de forma a fazê-lo descobrir os valores da vida ou utilizá-los com nobreza, se já os encontrou.

Cabe a cada Religião buscar unir as criaturas nos seus elementos essenciais, abrindo espaço para que se alojem nos seus arraiais aqueles que se afinam com os seus postulados, sem discriminar quem, para encontrar Deus, pensa de maneira diferente.

É certo que a História apresenta inúmeros exemplos de homens que se diziam descrentes de Deus, irreligiosos, que foram excelentes benfeitores da Humanidade.

Provavelmente, eles discrepavam das crenças que O apresentavam com características humanoides, apaixonadas, vinculado a tal ou qual nação e indiferente aos destinos dos demais seres e países.

Trabalhado pela cegueira nacional de alguns povos, era tão mesquinho quanto os seus adoradores, causando repulsa e indignação às mentes avançadas e lúcidas.

Não era, pois, indiferença ou rebeldia contra Deus, mas, sim, pela imagem que d'Ele faziam os religiosos enfermos da alma.

Também é verdade que os povos sofreram impiedosamente nas mãos de indivíduos incréus e profanadores, que deixaram rastros de desgraça e sangue em todos os tempos.

A Religião tem por finalidade cientificar o homem a respeito da sua realidade imortal, dos fenômenos *post mortem* e da conduta filosófica a viver enquanto no estágio carnal.

Mediante a estruturação de uma ética de comportamento otimista, edificante e renovadora, promove a criatura sempre, auxiliando-a com resignação na vicissitude, humildade no triunfo, amor na glória e caridade em todos os momentos, a fim de que a revolta não a cegue, a soberba não a alucine e as paixões vis não a dominem.

Se ela se apoia num alicerce científico, com mais seguros fundamentos brinda a consciência investigadora e a razão exigente, oferecendo respostas lógicas dos fatos às indagações frequentes da dúvida, do cepticismo e da descrença.

Com este conteúdo de evidências em torno dos postulados filosóficos, o homem dispõe de equipamentos vigorosos para os empreendimentos existenciais, enfrentando quaisquer dificuldades e desafios com natural estoicismo e alegria.

A busca de Deus, hoje, é mais contínua e árdua do que antes.

Os valores humanos sofreram profundas mutações éticas, alterando-se totalmente.

Antes, a aceitação ingênua da fé bastava para uma aparente vivência religiosa.

Atualmente, as conquistas da Cibernética, da Astronáutica e de outras ciências estabeleceram recordes de conflitos psicológicos no indivíduo, exigindo da vida terapias preventivas e afirmações mais valiosas para que se possa evitar o caos.

As multidões cansadas, por outro lado, das filosofias pragmatistas, imediatas, indagam pelo que acontecerá depois, como será após logrados os objetivos próximos.

Surgem, então, ou renascem antigas crenças que se propõem a ajudar o homem saturado de lógica e técnica, que se deixa atrair pelo fantasioso, o sobrenatural, o místico, em mecanismo audacioso de fuga da realidade objetiva para o imaginário transcendente, o absurdo.

O astronauta que retorna da Lua, confundido com o silêncio que pôde constatar, da solidão ante o Universo e da sua pequenez no seio cósmico, mesmo que maravilhosamente equipado de forças psicológicas, pouco a pouco mergulha em profunda melancolia, vitimado por interrogações de longo alcance.

Os pilotos que atiraram os artefatos atômicos sobre as *cidades-mártires* não puderam olvidar as catástrofes em que se viram envolvidos.

Os *veteranos* das guerras que se sucedem na Terra não conseguem apagar as marcas da violência em que foram envolvidos, sofrendo terríveis dificuldades para se reajustarem à sociedade em paz.

Reunindo-se os diversos fatores que geram conflitos, a sociedade hodierna, que alcançou elevados níveis de conforto para alguns, dilacerou bilhões de vidas nos guetos de miséria, fome e sofrimento, nos cinturões externos das grandes cidades ou em países inteiros devorados pela ganância de outros, mais poderosos.

Como consequência, a agressividade, a indiferença e o medo tomaram conta do mundo, produzindo alarmante índice de toxicômanos, loucos, pervertidos e insensíveis emocionais, que agravam a economia da sociedade com delitos incomuns e lancinantes.

O homem passou a valer pouco na atual estrutura social massificada.

Cada qual pensa em si e nos seus, quando pensa.

O egoísmo governa as vidas, e a sede pelo gozo desequilibra os sentimentos, multiplicando as vidas-sensação, em detrimento das existências-emoção.

Nesse contubérnio, a Religião é importante para conduzir a mente humana aturdida, vitimada por contínuos choques externos, conflitos psicológicos e desajustes emocionais.

Queira ou não, o homem é um ser essencialmente religioso. Por instinto crê e atém-se, mesmo inconsciente, às crenças que lhe predominam na personalidade.

A intuição da sua origem divina propele-o para o respeito e a fé no seu Criador.

Nas culturas primitivas, esse sentimento comanda suas atitudes, numa forma de consciência atávica, primária, sem análise, sem lógica racional.

Sucessivamente, graças às complexidades das civilizações por onde transita no seu processo evolutivo, surgem-lhe os conflitos e as dúvidas, que propiciaram as múltiplas escolas de pensamento e de crenças religiosas compatíveis com as suas necessidades.

Constituem-lhe, porém, meta final, libertar-se do sofrimento e fruir de paz, de felicidade.

Essa ansiedade é universal e fundamental em todas as vidas.

O que é fundamental e essencial com caráter universal ou geral torna-se uma busca de natureza religiosa.

Para preencher essa necessidade, faz-se imprescindível a existência de uma religião com possibilidades universais, na qual os seus postulados atendam a todos os impositivos da evolução, dispondo da mesma essência.

Há, por isso mesmo, um arraigado amor à religião.

A Religião Espírita, que respeita todas as demais doutrinas, espiritualistas ou não, possui os valores para restabelecer no homem o clima de confiança e paz de que necessita, favorecendo-o com as estruturas para a libertação da dor e a aquisição da plenitude.

Sua filosofia existencial, dignificadora, promove as aspirações íntimas, ensejando o ajustamento da conduta aos ensinamentos cristãos, nos quais apoia a sua estrutura ético-moral.

Isso porque se firma na experiência do fato, que brinda com a certeza inabalável da sobrevivência à morte, assim como da preexistência ao berço, em racional encadeamento que enseja a compreensão de quem se é, qual a meta pela frente a conquistar e por que se sofre.

Sem dogmatismo ou ritualística, é a religião cósmica do amor, aguardando a Humanidade de hoje e dos tempos futuros para conduzi-la a Deus.

II
O LIVRO DOS MÉDIUNS

Um observador cuidadoso notará, sem dúvida, ao estudar a Codificação Espírita, o perfeito plano da obra, demonstrando, na sua estrutura didática, a excelente realização de Allan Kardec e a completa identificação das mentes espirituais que a planificaram com aquele que a executou.

Considerando-se a grandiosidade do empreendimento, após as elucidações introdutórias indispensáveis, em *O Livro dos Espíritos*, o mestre lionês iniciou o trabalho estudando Deus na condição de Causa Primária, com uma extensão de raciocínios surpreendentes, que o levaram a apresentar questões de alta relevância em torno do Criador, da Criação, dos elementos constitutivos do Universo.

Posteriormente, ao elaborar *O Livro dos Médiuns*, que é um desdobramento de parte daquela obra, o codificador examinou a questão de máxima importância, no capítulo primeiro, interrogando se "há Espíritos", como natural consequência da existência de Deus.

Aprofundando o assunto, prescreveu a necessidade de demonstrar-se antes a existência dos Espíritos, a fim de se partir para o exame das comunicações pelas quais se comprova a realidade deles.

De imediato, preocupou-se em orientar o indivíduo, no sentido de que, antes de se tornar espiritista, seja espiritualista, isto é, primeiro conceba a existência dos seres espirituais para cuidar, depois, das suas comunicações.

Partindo dessa base, a princípio, de uma premissa, Kardec demonstrou, filosoficamente, a realidade do mundo espiritual e dos seres que nele habitam, passando, a seguir, às técnicas, aos métodos de estudar-se, adequar-se e orientar a mediunidade – veículo pelo qual os Espíritos comprovam a sua existência –, realizando o mais completo compêndio a respeito da paranormalidade humana.

Deteve-se em exaustiva pesquisa a respeito das variadas expressões mediúnicas, suas peculiaridades, seus recursos e possibilidades, quase exaurindo o assunto, que permanece desafiador a quantos se interessam pelos fenômenos e funções PSI, ontem como hoje.

Nenhuma outra obra, até o momento, penetrou tão fundo as investigações, na palpitante questão dos médiuns, da mediunidade, dos efeitos morais do exercício mediúnico, seus perigos e bênçãos, oferecendo os mesmos excelentes e seguros resultados.

Documentou o preclaro instrumento das entidades superiores, as diferenças entre médiuns e mediunidades, demonstrando a necessidade da vivência moral para colher-se resultados salutares, superiores, confirmando que, sendo os Espíritos as "almas dos homens" apenas desvestidas da matéria, o rigor e a seriedade diante das comunicações mediúnicas devem presidir as investigações e estudos a respeito de tão delicada quão importante questão.

Examinou os riscos da prática mediúnica, quando realizada sem os critérios e cuidados que se impõem, sem o requisito do conhecimento teórico antes do exercício e das pesquisas, bem como advertiu quanto aos problemas do animismo e das interferências perniciosas das entidades viciosas, perturbadoras ou simplesmente vulgares...

Projetou nova luz na psicopatogênese da loucura, apresentando as obsessões como fatores predisponentes, em muitos casos preponderantes e, em outros tantos, causais.

Não se deteve, porém, no exame da enfermidade, senão propôs, como resultado de larga experiência, uma psicoterapia própria para as alienações de tal porte, oferecendo utilíssimas diretrizes para a terapêutica preventiva e o comportamento que todos se devem impor diante dos vitimados por essa terrível enfermidade da alma.

Recorrendo a uma linguagem acessível, demitizou a mediunidade e os fenômenos paranormais que adquiriram cidadania cultural, longe das superstições e fórmulas, ritos e privilégios, numa análise lógica e veraz das potencialidades humanas colocadas a serviço da vida e da evolução do próprio ser.

Caracterizou os fenômenos autênticos e os falsos, os procedentes dos Espíritos nobres e os produzidos por entidades irresponsáveis, outrossim, apresentando várias comunicações para servirem de estudo, ele próprio dissecando-as com a lógica de bronze de que se fazia possuidor e o bisturi de aço do investigador imparcial e honesto que sempre se manteve.

Não fez qualquer concessão às crendices nem aos atavismos antropológicos ou sócio-religioso-culturais, antes e então vigentes.

Toda a obra é um tratado sério, realizado por um estudioso consciente, que arrancou do obscurantismo e da degradação, do misticismo e dos privilégios a mediunidade

– que é uma faculdade neutra em si mesma – e as manifestações espirituais, estabelecendo regras, mediante as quais se podem colimar resultados práticos e úteis para um comportamento equilibrado e a coleta de resultados opimos, no exercício dessas funções de ordem paranormal e suas manifestações extrafísicas.

Obra profunda, ficará como marco insuperável da investigação mediúnica, que nenhum pesquisador sincero da fenomenologia paranormal poderá deixar de conhecer.

III

CEPTICISMO ANTE A MEDIUNIDADE

Os médiuns, na atualidade, como os antigos profetas a seu tempo, sofrem hoje, como aqueles que padeceram, na época própria, a incompreensão dos seus coevos.

Atribuindo-lhes dons divinos, que constituem uma forma de transferência de valores, sob a coerção de entusiasmos exagerados ou fanatismos injustificáveis, os que assim o fazem esperam colher resultados que lhes atendam as necessidades imediatas, sem penetrarem no sentido real do ministério desses *obreiros do Senhor*, cujas faculdades devem ser colocadas a serviço de mais elevados fins que aqueles meramente materiais, nos quais muitos indivíduos se demoram, ansiosos e perturbados.

Não há dúvida de que, pela misericórdia do Amor, o Mestre permite que diariamente mergulhem no corpo carnal missionários encarregados de promover o progresso moral, espiritual e cultural das criaturas e da Humanidade, fazendo-os estagiar nos múltiplos campos do conhecimento: nas ciências, na ética, nas artes, na filosofia, modificando a paisagem do planeta que evolui no programa de ascensão entre os mundos.

Da mesma forma, amplia a área da reencarnação de trabalhadores da mediunidade, a fim de que mais amplas contribuições psíquicas possam apressar os ideais de enobrecimento, sobretudo demonstrando a imortalidade do Espírito, a permanência da vida após a morte física, a sua transformação cadavérica...

Embora a vulgarização do fenômeno mediúnico em toda parte, o cepticismo arma ciladas, faz exigências, impõe condições, algumas das quais primando pelo absurdo, numa verdadeira volúpia para negar o intercâmbio entre a vida sensorial e a espiritual.

Os homens especulam e investigam demoradamente. No entanto, quando defrontam o fato, elaboram teorias que vestem com terminologia complexa, em contínuas tentativas de negação da imortalidade da alma, cuja ideia parece repugnar a maioria dos estudiosos da fenomenologia paranormal.

Abstraindo-nos das acusações de fraude, interferência demoníaca, mistificação involuntária, surgem outras.

Ante as mediunidades escrevente e falante, apelam para a telepatia e as percepções do inconsciente, que logra encontrar, nos arquétipos, os recursos para elucidar os intrincados mecanismos da xenoglossia e das manifestações da ecmnésia nos quadros das lembranças das vidas passadas.

Noutras vezes, recorrem à memória genética e às manifestações da hiperestesia indireta do inconsciente, *pescando* nos arquivos de outras mentes as informações que não podem ser contestadas.

Diante do profetismo, ora encaixado nas classificações de pré e retrocognição, como na clarividência e clariaudiência, repetem as mesmas justificativas, arrolando-as como resultante do próprio psiquismo do sensitivo.

Surgem, porém, as complexas condensações da ectoplasmia, nas materializações luminosas ou não, nas desmaterializações, nos transportes, e os mesmos argumentos são reencaixados com molduras novas, embora a repetição deles traga de volta aqueles seres que afirmam haver vivido na Terra, identificando familiares e amigos, recordando-se de acontecimentos que somente podem ser confirmados em buscas realizadas *a posteriori*, deixando perplexos os perquiridores que, apesar disso, permanecem duvidosos.

Defrontando as curas mediúnicas, mediante as intervenções espirituais, simplesmente respondem com a justificativa da sugestão e equivalentes de pseudoenfermidades de natureza histérica ou psicossomática...

Surgem, por fim, as cirurgias em campo aberto, sem assepsia, nem anestesia, com hemóstase automática e, de imediato, a crítica ácida recorre ao não convencional, ao antiacadêmico, aos códigos de ética, esquecidos de que o convencional, o ético e o acadêmico de hoje feriram frontalmente, no seu tempo, o que estava estabelecido como correto e aceito. Ainda insatisfeitos, apontam os operados que desencarnaram posteriormente, sem dar-se conta de que a morte é fenômeno inevitável nos Soberanos Códigos da Vida, e de que pessoa alguma se eximirá.

Invariavelmente, quando se recorre à terapia mediúnica, já malograram outros métodos e recursos que foram inócuos, quando não perniciosos, às vezes, esperando-se que os Espíritos substituam os órgãos destruídos em verdadeiros cadáveres, que apenas respiram, tão comprometida se encontra a maquinaria orgânica.

Esperam-se milagres da mediunidade, e, quando algo ocorre ferindo o habitual, embora jamais miraculoso, recusam-no, sob a alegação de não poder ser controlado.

Certamente respeitamos a valiosa contribuição da ciência, em todos os campos, reconhecendo, nos seus legítimos sacerdotes, apóstolos do bem a serviço de Deus.

Ninguém nega a ocorrência de fenômenos da personalidade, do próprio Eu espiritual da criatura humana, que se apresenta em condições várias, exigindo cuidados e estudos honestos. Todavia, a multiplicidade de manifestações espirituais pela mediunidade convida os homens sensatos e dignos a uma avaliação profunda das mesmas e à reflexão em torno das suas causas, de modo a influenciar o seu comportamento moral, com reflexos na sociedade sofrida destes dias, que necessita de apoio espiritual e diretriz eficaz para rumar com segurança e harmonia.

Eis por que, diante de quaisquer expressões mediúnicas, a Doutrina Espírita conclama o homem à renovação moral para melhor, demonstrando-lhe a sobrevivência da alma e o futuro que o aguarda, assim predispondo-o à conscientização das finalidades da existência física como preparação para a espiritual, donde procede e para onde retornará.

A desencarnação, que também alcança os médiuns, é etapa final das lutas terrenas, e ninguém a evitará.

Enquanto isso não ocorre, cumpra cada qual com o seu dever, e os novos *Profetas do Senhor*, sem o descoroçoamento nem soberba, avancem no integral cumprimento das tarefas para cujos cometimentos renasceram na carne, utilizando-se, com sabedoria e amor na ação da caridade, do tempo de que dispõem, sem muita preocupação com os cépticos que, por muito tempo, existirão no mundo.

IV
EVOCAÇÃO DOS ESPÍRITOS

Allan Kardec, repetindo as experiências dos grandes iniciados do passado, notabilizou-se, nos tempos modernos, pelas excelentes qualidades morais e culturais que lhe exornavam a personalidade, sobretudo pela coragem, serenidade e nobreza com que evocava os Espíritos.

Na antiguidade oriental, era comum a prática da *evocação dos mortos*, em todas as culturas, na intimidade dos templos, celebrizando os adivinhos, oráculos e sacerdotes, profetas e pítons que logravam traduzir-lhes o pensamento, por meio de cuja sensibilidade retornavam ao contato humano.

Na Grécia, tornaram-se notáveis os santuários, nos quais se davam as evocações dos deuses, especialmente o de Delfos, que permaneceu na condição de marco histórico da legitimidade das comunicações dos seres desencarnados com os homens.

O Cristianismo primitivo assentou suas bases espirituais no intercâmbio com os numes tutelares, que se apresentavam espontaneamente, conduzindo as mentes e sustentando os homens nos seus elevados empreendimentos.

Esse intercâmbio reiniciou-se com Jesus, cujo advento foi anunciado pelos Espíritos nobres e a vida toda assinalada pela incessante comunicação com os desencarnados, prosseguindo, Ele próprio, após a morte, inúmeras vezes, e culminando no inesquecível aparecimento ao jovem Saulo, a quem convocou, às portas de Damasco, para o ministério inigualável.

Logo depois, nas reuniões dos discípulos e continuadores da Sua Obra de Amor, as comunicações espirituais se tornaram o veículo de segurança para o êxito das empresas iluminativas de consciências, tornando-se elemento de sustentação das comunidades nascentes.

São João Crisóstomo, São Basílio, Orígenes, Constantino, entre inumeráveis, foram excelentes médiuns que as forças do Mais-além conduziam com facilidade, inscrevendo, nas páginas da história, os seus depoimentos honestos a respeito da vida transcendental e da interferência dos seres espirituais em suas vidas.

Nos séculos seguintes, prosseguiram os fenômenos extraordinários, atestando a comunicabilidade dos Espíritos, trazendo a mensagem confortadora de sustentação durante a Idade Média e a afirmação da sobrevivência no período da Idade Moderna.

Allan Kardec, no entanto, sob o comando do Espírito de Verdade que lhe supervisionava a missão, evocou as entidades espirituais mais diferentes, com elas mantendo notáveis diálogos, graças aos quais elaborou a Codificação Espírita.

A tarefa missionária que lhe fora concedida, a elevada moral de que se revestia, a sinceridade e nobreza de propósitos que mantinha, a lucidez que lhe era peculiar funcionavam como credenciais para as evocações, a fim de aprender, colher informações, conferir dados, aquilatar valores culturais e elaborar as obras, tendo a superior administração de Jesus, que retornava à Terra na condição de o *Consolador*.

Tão eficientes e seguros se lhe apresentaram os resultados, que colocou todo um capítulo, o de número vinte e cinco de *O Livro dos Médiuns*, sobre as evocações, a fim de orientar todos aqueles que pretendem com honestidade penetrar nas províncias da erraticidade, travando contato com os seus habitantes.

Nem todos os indivíduos, porém, dispõem daquelas credenciais para seguras evocações, correndo riscos de serem enganados pelos Espíritos burlões, mistificadores, atrasados e perversos que pululam em torno dos homens e não respeitam senão as vibrações do caráter diamantino e as irradiações dos sentimentos elevados que os repelem.

Ideal que nas experiências mediúnicas se aguardem as manifestações espontâneas, mais naturais, não constritoras, aprendendo-se as técnicas de identificação, bem como assenhoreando-se dos delicados processos de comunhão espiritual, pondo-se a salvo de ciladas e obsessões evitáveis que a imprudência e a precipitação normalmente propiciam.

Podem-se evocar os Espíritos, sabendo-se, inicialmente, que nem todos têm condições de atender aos chamados, em se considerando o estado emocional e evolutivo em que se encontram, as disponibilidades de tempo e ocupação, as afinidades com os médiuns e outras condições sutis, igualmente importantes.

A presunção humana, que pensa tudo poder, torna-se grande impedimento na área das evocações sérias, abrindo campo vibratório para os intercursos vulgares e decepcionantes.

Bem agem aqueles que, interessados na aprendizagem, diante do intercâmbio espiritual, aguardam que ocorram os de natureza espontânea, podendo analisá-los e retirar deles as lições proveitosas, consoladoras, necessárias à fé racional e ao equilíbrio da paz interior.

A mediunidade colocada a serviço do bem, nas tarefas socorristas, faz-se instrumento dócil às comunicações naturais, enriquecidas de sabedoria, sob a orientação dos guias espirituais que selecionarão aqueles que se devem e podem comunicar, contribuindo para o próprio como para o progresso moral do médium e dos assistentes, pois que esta é a finalidade elevada do labor mediúnico, e não para o atendimento de frivolidades, paixões ou mesmo questões sérias, porém inoportunas.

V
CONSCIÊNCIA MEDIÚNICA

Na estrutura da vida psíquica do indivíduo, a consciência do Eu pode mudar de nível, propiciando-lhe galgar avançados estados de lucidez e integração, que variam desde os mais primários até os mais transcendentes.

Certamente, as primeiras informações a respeito dos estados alterados de consciência provêm da *Vedanta*, a escritura religiosa mais antiga do mundo, na qual estão insertos os ensinamentos filosóficos da tradição hindu.

Mais tarde, entre outros, o pensador russo Gurdjieff, respeitado mestre espiritual, examinou a questão, propondo as alterações de níveis de consciência mediante exercícios e induções que ora chamaríamos transpessoais.

Segundo a moderna psicologia transpessoal, é possível lograr-se uma ampliação da consciência além das fronteiras habituais do ego, superando as faixas do espaço e do tempo, conforme as percepções tridimensionais.

Consideram-se normais alguns dos estados de consciência, nos quais ocorrem os fenômenos habituais, situando-se aqueloutros, os parapsicológicos e os mediúnicos, como de natureza patológica.

Observações acuradas ao lado de pacientes induzidos por sugestão, concentração, meditação, terapias mediante a aplicação de drogas, concluíram pela ocorrência de fenômenos transcendentais nos níveis elevados de consciência alterada.

Exceção feita aos delírios, às alucinações, às ilusões, surgem, na área das manifestações subjetivas, as ocorrências de clarividência, de premonição, de clariaudiência, de desdobramento, abrindo espaços para as comunicações mediúnicas, tais a psicografia, a psicofonia, a psicopictografia etc., em cujos processos a interferência do desencarnado se faz indispensável e atuante.

Não eliminamos a possibilidade desses fenômenos ocorrerem também em psicopatas, tendo como origem o inter-relacionamento espiritual, sem que se apresentem na condição de *aberrações mentais*.

Outras vezes, tais alterações de consciência facultam a ampliação do Eu, facilitando o intercâmbio com inteligências desencarnadas, sem ou mediante a ocorrência da perda de lucidez, de identidade, de unidade do Eu pensante.

A linha divisória que assinala a transferência do estado paranormal para o patológico é muito sutil, dando margem à crença de que alguns níveis de *consciência mística* sejam confundidos com *distonias esquizofrênicas*.

As formas corretas para distinguir-se um do outro estado são a observação da própria ocorrência, o comportamento do indivíduo na forma de encarar a realidade objetiva, a sua maneira de relacionar-se com o grupo social no qual se encontra, as suas manifestações de ansiedade e de medo.

A realidade total é uma decorrência da concepção do Universo e da consciência como conglomerados de energias, em níveis cada vez mais complexos, em um mecanismo de harmônica interpenetração.

Assim, embora a variação de escolas psicológicas que estudam o assunto, poderíamos estabelecer cinco níveis de consciência, sem delimitarmos as suas fronteiras, verificando aquelas nas quais ocorrem as manifestações mediúnicas, de que a Doutrina Espírita se faz o admirável campo de estudo metodológico, objetivando a plenitude do ser.

Em uma cartografia inspirada no sistema de Psicologia e Espiritismo, merecem exame, embora rápido, esses diferentes estados de consciência.

No primeiro, denominado *consciência de sono*, há uma total ausência de idealismo e as atividades do ser estão reduzidas, praticamente, aos automatismos de natureza fisiológica: manifestações instintivas, respiração, assimilação sem um real conhecimento das ocorrências. O indivíduo dorme, come, procria, ausente dos procedimentos da lógica, da razão. Poderíamos denominar este como um estado de *sono sem sonhos*.

Inevitavelmente, por meio do processo evolutivo inexorável que as reencarnações proporcionam, o homem transita para o estado intermediário, o de *consciência em despertamento* ou *com sonhos*, no qual surgem as primeiras expressões de idealismo, de interesse, de luta para a aquisição de valores imediatos, considerados indispensáveis à sobrevivência no labor cotidiano. Apresenta-se um alargamento de horizontes, embora timidamente, que permite vislumbrar o prazer além da sensação, a comodidade, os sinais primeiros da beleza, da arte, do conhecimento, da fé.

Os sonhos se manifestam, desvelando impressões do inconsciente e dos contatos espirituais, embora nebulosos, favorecendo a ativação de mais amplas percepções.

Ocorre, a partir dessa fase, o nível de *consciência desperta* ou de *identificação*, no qual o homem começa a observar-se a Si mesmo e ao seu próximo, ampliando o grau de relacionamento social e emocional, aspirando aos ideais de engrandecimento humano, lutando com lucidez pela ampliação dos valores éticos, descobrindo metas além do imediatismo automatista e avançando com entusiasmo na defesa dos seus valores de enobrecimento.

Essa *identificação* possibilita uma revolução da consciência, a fim de que possa voltar-se para a interiorização, para a percepção subjetiva da realidade.

Lentamente, a *consciência de Si mesmo* ou *transcendência do Eu* assoma e predomina em relação às expressões do mundo exterior.

O homem orgânico, porém, é uma "máquina com funções", que devem ser educadas, bem dirigidas pelo Espírito que nela habita, a fim de, mergulhando na sua transcendência, poder encontrar-se.

A princípio, são momentos breves que se amiúdam, ensejando realizações plenificadoras, que o libertam das constrições do invólucro material.

As funções, por automáticas que são, instintivas, motoras, sexuais, do intelecto e da emoção, devem ser canalizadas e direcionadas para a aquisição da harmonia que deve predominar no soma, ensejando a expansão paranormal, o intercâmbio com as forças vivas do Universo além da dimensão material.

Abstraindo-se do mundo exterior, a consciência sintoniza com as inteligências desencarnadas, propiciando as comunicações lúcidas – em estado sonambúlico, de inconsciência ou não –, nas quais a identificação dos Espíritos se faz com o máximo de resultados positivos possíveis.

Nesse nível de consciência, a moralização do homem torna-o alvo dos Espíritos nobres que o elegem para ministérios relevantes, não necessária e obrigatoriamente de projeção na comunidade, de relevo social, embora também aí ocorram, exigindo maior soma de abnegação, de elevação moral, a fim de enfrentar os perigos e perturbações que as posições de destaque exigem daqueles que as assumem.

É nesse nível que o impositivo da conduta cristã se torna o recurso saudável e valioso para quem deseja o êxito do empreendimento evolutivo.

Tão habitual se tornará a vivência nesse estado de consciência, que logo será alcançado o estágio mais elevado, o de *consciência objetiva*, ou *cósmica*, facultando um absoluto controle das funções orgânicas e propiciando-se o êxtase – a catalepsia consciente – que enseja a libertação dos limites humanos com penetração tranquila no Cosmo.

O Espírito encarnado e lúcido, nesse nível, facilmente se emancipa das amarras físicas sem as romper, e intercambia com outros, superando os condicionamentos da reencarnação.

Somente os grandes mestres e guias da Humanidade, em razão das suas conquistas pretéritas, logram, conscientemente e com frequência, esse nível de libertação cósmica, tais Francisco de Assis, Teresa de Ávila, Swedenborg, Edgar Cayce, Gandhi, ou, sob outras condições de concentração, da Vinci, Miguel Ângelo, Pascal, Einstein, Hansen, ou Galileu, Newton, Copérnico, capazes de se esquecerem de si mesmos durante suas pesquisas e observações...

É um nível de consciência que exige treinamento cuidadoso, sacrifício pessoal, abnegação extremada, critério de objetivo, *morte na vida... A Psicologia criativa*, embora com outras conclusões, reconhece esses cinco níveis de consciência com as suas variações naturais.

Pode o homem alcançar ou transitar momentaneamente por alguns dos três últimos estados de consciência enquanto estagia noutro, não permanecendo senão na faixa que lhe corresponde o treinamento ou a aquisição já realizada.

Vale, porém, ressaltar que a conquista dos vários níveis de consciência é feita passo a passo, com esforço e dedicação reunidos. Ocorrendo recuos ou paradas, devem ser considerados normais esses fenômenos, até que o treinamento se incorpore aos hábitos, facultando a aprendizagem com emulação sempre mais forte para a conquista do degrau superior.

A educação da mediunidade paralelamente enseja a alegria de o indivíduo ser feliz pelo bem que pode realizar e pelo prazer de experimentar o bem que recebe.

Os fenômenos mediúnicos, no entanto, podem ocorrer em qualquer *nível de consciência*, em particular quando se trata de manifestações obsessivas, que irrompem em crises de violência ou de depressão, em face das dívidas morais existentes entre os litigantes, ora em processo de reajustamento espiritual.

O exercício da mediunidade saudável, todavia, manifesta-se em harmonia com o nível *de consciência de Si mesmo*, expressando a valiosa conquista do Espírito encarnado no seu processo de evolução.

Ocorrem, às vezes, manifestações mediúnicas de prova, em níveis inferiores de consciência, que o sensitivo pode elevar utilizando-se dos valores morais e do correto treinamento, assim facilitando-lhe a sintonia com a vida pulsante fora dos limites materiais.

Jesus Cristo, o Médium por Excelência, por estagiar em nível de consciência sublime, sintonizava continuamente com Deus, não obstante, após a convivência com o povo, sempre se afastava da balbúrdia para orar, meditar, penetrar na transcendência do Cosmo em silêncio e solidão.

VI

DONS MEDIÚNICOS

"Ora, há diversidade de dons, mas, um mesmo é o Espírito; há diversidade de ministérios, e um mesmo é o Senhor; há diversidade de operações, mas, é o mesmo Deus que opera tudo em todos. A cada um, porém, é dada a manifestação do Espírito para proveito. Pois a um, pelo Espírito é dada a palavra da ciência, segundo o mesmo Espírito; a outro, dons de curar em um só Espírito; a outro, operações de milagres; a outro, profecia; a outro, discernimento de Espíritos; a outro, diversidade de línguas e a outro, interpretação de línguas; mas, todas estas coisas opera um só e o mesmo Espírito, distribuindo a cada um particularmente como lhe apraz."

(Paulo, I Coríntios, 12:4-11).

Tudo promana de Deus, sem dúvida, e o Divino Espírito é o único a expressar-se de mil modos em toda parte.

Reflexionando-se em torno da bela epístola do Apóstolo dos Gentios, encontramos a clara exposição das faculdades mediúnicas, por intermédio das quais o intercâmbio espiritual se faz presente, conforme sucede nas sessões espíritas da atualidade.

Os *dons* ampliam-se mediante a educação dos seus portadores e o aprimoramento das faculdades trabalhadas pelo escopro da caridade e pelas mãos da abnegação.

Demitizados, os profetas de ontem ressurgem na condição de médiuns hodiernos, por cujo campo espiritual a imortalidade da alma se comprova, erradicando o cepticismo e anulando a dúvida pertinaz.

Variando de pessoa para pessoa, a mediunidade é a ponte segura para propiciar ao homem o trânsito entre as duas margens do rio da vida: a material e a espiritual.

Diversificada nas suas mais complexas expressões, a mediunidade se desdobra em efeitos materiais e intelectuais, consoante Allan Kardec o demonstrou, ensejando manifestações do conhecimento mental e da ação física.

Posteriormente, estudando os fenômenos de natureza psicocinética, afirmou o Dr. Rhine, pai da contemporânea Parapsicologia: "A mente, que não é física, por meio de processos não físicos, interfere e modifica o meio físico".

Nos efeitos intelectuais, as bênçãos da mediunidade se estendem por largo e variado campo de manifestações, que vão desde a psicofonia, à psicografia, à xenoglossia, ao profetismo, ensejando uma visão otimista e facultando o contato com o mundo extrafísico, mediante cujo concurso prepara o homem terreno para a sua fatalidade próxima que é a vida além da vida, pelo inevitável processo da morte.

Não era, pois, desconhecida ao apóstolo a atividade pneumatológica então vigente na Igreja primitiva e que, mais tarde, combatida e interpretada equivocadamente, terminaria por ser proibida, renascendo, posteriormente, na Doutrina Espírita, legatária natural do Cristianismo nas suas bases verdadeiras.

Assim, há, sem dúvida, "diversidades de dons, mas, um só é o Espírito", abrindo espaço para a educação correta das *forças psíquicas e mediúnicas* inerentes a todos os homens, dentre os quais alguns as possuem mais especificamente para a tarefa de *abalarem o mundo*, anunciando e preparando a Era Nova que já se inicia.

VII

SER MÉDIUM

A mediunidade é registro paranormal que se encontra ínsito na criatura humana, à semelhança da inteligência, da razão.

Todo indivíduo que, conscientemente ou não, capta a presença de seres espirituais é portador de mediunidade, cabendo-lhe a tarefa de desdobrar os recursos parafísicos, por meio de conveniente educação, graças à qual se tornará instrumento responsável para o ministério superior a que ela se destina.

Inicialmente confundida com várias patologias, sejam de ordem mental ou orgânica, a mediunidade fez-se meio para demonstrar o equívoco em que teimavam permanecer os seus adversários gratuitos ou os investigadores apressados.

Caracterizando uma função sempre presente no homem em todas as épocas, só a partir de Allan Kardec passou a receber estudo profundo e consideração, vindo, então, a ocupar o lugar que lhe é devido, como ponte para o intercâmbio entre os Espíritos de ambos os lados da vida com aqueles que se encontram mergulhados na mesma faixa das percepções psíquicas no corpo físico.

Espontânea, surge em qualquer idade, posição social, denominação religiosa ou cepticismo no qual se encontre o indivíduo.

Normalmente chama a atenção pelos fenômenos insólitos de que se faz portadora, produzindo efeitos físicos e intelectuais, bem como manifestações na área visual, auditiva, apresentando-se com gama variada conforme as diversas expressões intelectuais, materiais e subjetivas que se exteriorizam no dia a dia de todos os seres humanos.

Direcionando a observação para as ocorrências inabituais que lhe sucedam, o médium descobre um imenso veio aurífero que, penetrado, brinda-o com gemas de inapreciável qualidade.

Assim como o mergulhador educa a respiração para descer nas águas profundas onde espera encontrar ostras raras, portadoras de pérolas incomuns, o médium tem o dever de disciplinar a mente, a fim de aprofundar-se no oceano íntimo e dali arrancar as preciosidades que se encontram engastadas na *concha* bivalve das aspirações morais e espirituais.

Às vezes, quando do aparecimento da mediunidade, surgem distúrbios vários, sejam na área orgânica por meio de desequilíbrios e doenças, ou mediante inquietações emocionais e psiquiátricas, por debilidade da sua constituição fisiopsicológica.

Não é a mediunidade que gera o distúrbio no organismo, mas a ação fluídica dos Espíritos que favorece a distonia ou não, de acordo com a qualidade de que este se reveste.

Por outro lado, quando a ação espiritual é salutar, uma aura de paz e de bem-estar envolve o medianeiro, auxiliando-o na preservação das forças que o nutrem e sustentam durante a existência física.

A educação ou desdobramento mediúnico objetiva ampliar o campo de realização paranormal, porquanto, por meio dos recursos próprios, tem a especial finalidade de instruir os homens, realizar a iluminação de consciências, facultar o ministério da caridade, pelas possibilidades que proporciona aos desencarnados em aflição de terem lenidos os sofrimentos, as mágoas, a ignorância...

A faculdade de ser médium, própria dos seres inteligentes, constitui um superior instrumento de serviço ao alcance de todos, dependendo de cada um atender-lhe a presença orgânica ou ignorá-la, apurando-lhe a sensibilidade ou perturbando-lhe o mister, deixando-a ao abandono, aí correndo riscos de ser utilizada por entidades perversas ou levianas que se encarregarão de perturbá-la, entorpecê-la ou torná-la meio de desequilíbrio para o próprio médium como para aqueles que o cercam.

Não é, portanto, o ser médium ou não, mas a conduta que este se aplique que atrairá mentes que se irradiam no mesmo campo de vibrações especiais.

Swedenborg, cientista e culto, ao perceber a presença da mediunidade não tergiversou em estudar a faculdade e dedicar-se ao seu exercício, brindando a Humanidade com valioso patrimônio de sabedoria, esperança e paz.

Edgar Cayce, constatando a manifestação mediúnica de que se tornou objeto, aplicou-se ao labor pertinente e auxiliou dezenas de milhares de pacientes que lhe buscaram o socorro...

Adolf Hitler, depois de frequentar o Grupo Thule, de fenômenos mediúnicos, dirigido por Dietrich Eckhart, em Berlim, ensandeceu-se, e, fascinado, acreditou-se a "mão da Providência", tornando-se destruidor de milhões de vidas e responsável por males incontáveis, que ainda permanecem na Terra...

A mediunidade, em si mesma, não é boa nem má, antes, apresenta-se em caráter de neutralidade, ensejando ao homem utilizá-la conforme lhe aprouver, desse uso derivando os resultados que acompanharão o medianeiro até o momento final da sua etapa evolutiva no corpo.

VIII
FENÔMENOS MEDIÚNICOS

A mediunidade é conquista espiritual do homem, no seu processo evolutivo, a manifestar-se por meio da organização física e não apenas na área da vida objetiva, porquanto, no mundo transcendente, alcança elevadas expressões de atividade nobilitante.

O corpo somático serve-lhe de equipamento, a fim de facultar aos desencarnados o intercâmbio com os homens. No entanto, além dos círculos terrenos, homens e Espíritos – os primeiros, parcialmente liberados da matéria e os segundos, livres – dão curso ao ministério das comunicações entre eles, assim como com outras entidades de esferas menos ou mais elevadas em nome do Amor.

O apóstolo Paulo, em sua II Carta aos Coríntios (4:7), afirma que "temos esse tesouro em vaso de barro, para que a excelência do poder seja de Deus e não nossa", exaltando a responsabilidade e a renúncia do médium na tarefa que lhe diz respeito.

A mediunidade funciona como um *refletor* das imagens da vida espiritual. Quanto melhores as condições do *aparelho*, tanto mais fiéis às impressões transmitidas. O oposto igualmente ocorre, proporcionando distorções e incorreções correspondentes.

A fonte emissora projeta as vibrações com limpidez, que o médium capta, e, conforme as suas capacidades moral, cultural e emocional, traduz.

O pensamento do comunicante é captado pelo médium por meio da *Lei de Afinidade Fluídica* e passa por estágios diferentes.

De início, a captação sensorial, na qual a mente registra a ideia e as sensações do Espírito, passando-as pelo campo da memória, que fornece as palavras para vestir as informações e externá-las. Em seguida, o estágio mnésico, em que ao médium cumpre entender – em estado ou não de consciência, de lucidez espiritual – o sentido da ideia captada, a fim de transmitir, na fase intelectual, com o próprio ou o vocabulário do agente desencarnado, escrevendo – psicografia – ou falando – psicofonia – com a clareza e fidelidade necessárias.

Trata-se, dessa forma, de um fenômeno que ocorre na área neuropsíquica, assim simplificado para dar ideia de uma ação dinâmica e móvel, sujeita a variações diversas por parte do comunicante, do médium e das vibrações do meio ambiente, que exercem papel preponderante no intercurso mediúnico.

A harmonia de pensamentos e vibrações faz-se indispensável para a fidelidade nas comunicações espirituais.

Estamos diante de equipamentos delicados, que sofrem alterações sutis, com efeitos imprevisíveis.

Nas Divinas Leis, facilidade é a etapa final de uma laboriosa engrenagem, adrede acionada para acontecer no momento azado.

As comunicações espirituais não são uma ocorrência fácil como pode parecer ao observador descuidado, exceto nos casos obsessivos, em razão da predominância da mente perturbadora sobre a vencida, por efeito de sintonia natural e *cármica* entre os afins... Os fenômenos mediúnicos, qual ocorre com os demais, são regidos por leis severas que se não submetem aos caprichos ou às circunstâncias vigentes, nos lugares onde se deseja obtê-los.

À equipe mediúnica e ao instrumento cabem responsabilidades que devem ser cumpridas, a favor do êxito que se pretenda.

Por outro lado, a organização neuropsíquica do médium aciona amplos equipamentos que se devem ajustar, produzindo uma aura de harmonia, como efeito de vários fatores, assim favorecendo ao desencarnado os recursos para equilibrada comunicação.

A glândula pineal, por exemplo, que responde pelos mecanismos da meditação e da reflexão, do pensamento e do discernimento, é altamente responsável pelas comunicações mediúnicas, em se considerando a sua função nos mais diferentes fenômenos psíquicos.

Assim, pois, todo um contingente de recursos e valores que se somam para que os fenômenos mediúnicos, na Terra, tenham lugar com elevação e critério a benefício dos Espíritos e dos homens.

IX
RESPONSABILIDADE MEDIÚNICA

Variando de nomenclatura, a Bíblia chamava intermediários dos Espíritos os *profetas*, enquanto, na Índia, eles eram tidos como *pitris*; no Japão, *kamis*; na Pérsia, *ferouers*. Os hebreus ainda os denominavam *elohins*, os gregos *manes* e os romanos *penates*.

Foi Allan Kardec aquele que propôs a palavra *médiuns*, por mais consentânea com a função a que se dedicam.

O professor Charles Richet, igualmente interessado no assunto, informa que "médiuns são aqueles indivíduos que servem de intermediários entre os mundos dos vivos e dos mortos".

O psicólogo inglês Frederic Myers elucida que "os médiuns são intermediários entre as comunicações do mundo material com o espiritual".

Já Gustave Geley classifica-os como pessoas "cujos elementos constitutivos são capazes de, momentaneamente, ser descentralizados".

Por consequência, os livros sagrados dos povos antigos encontram-se refertos de referências à mediunidade, aos médiuns, demonstrando a legitimidade do fenômeno e a frequência com que o mesmo ocorre.

Entre outros, o notável reencontro do rei Saul com o grande juiz Samuel,[1] conforme relata a Bíblia, demonstra o alto grau de sensibilidade da médium de Endor, portadora de várias e excelentes faculdades.

Em outras passagens do Velho Testamento, multiplicam-se as referências à mediunidade e aos médiuns, tais como no Levítico, em Isaías, em Daniel, em Miqueias, em Jeremias...

No Egito e na Caldeia, na Índia e no Japão, os médiuns eram consultados com frequência, fato que se repetiria na Grécia e em Roma, herdeiras naturais da cultura e da civilização oriental.

Homero refere-se, na Odisseia, que Circe, a extraordinária médium, serviu a Ulisses, que, por seu intermédio, dialogou com Tirésias e inúmeros Espíritos outros.

Na Tessália, Erato fez-se celebrizar pelas comunicações espirituais de que era objeto, inclusive revelando a Sexto Pompeu diversas questões que este desejava conhecer.

A visão psíquica de Apolônio de Tiana, em Éfeso, sobre a morte, por assassínio, de Tito Flávio Domiciano, em Roma, ocorrida naquele dia 16 de setembro de 96, conforme narra Filóstrato, demonstra a paranormalidade mediúnica do notável profeta.

Orfeu se comunicava com Eurídice desencarnada.

Andrômaca dialogava com Heitor falecido.

Periandro conversava com Melissa, sua defunta esposa.

Plínio mantinha contatos espirituais com Homero, como Sócrates com o seu *daimon*.

Na historiografia clássica da Humanidade, desde Heródoto de Halicarnasso, passando por Xenofonte, Aristóteles,

---

[1] I Samuel, 28: 3 a 20 (nota do autor espiritual).

Plínio, Flávio Josefo, Apuleio, para citar apenas alguns, os médiuns e os fenômenos de que se faziam instrumento estão presentes nas admiráveis narrativas.

Posteriormente, Pio V enxergou *psiquicamente* a vitória dos seus exércitos, em Corinto, na célebre batalha de Lepanto, a 7 de outubro de 1571, apesar de encontrar-se em Roma.

Swedenborg *acompanhou* o incêndio de Estocolmo, não obstante estando em Gotemburgo.

A biblioteca do padre Pierre-Jacques Sépher possuía, no ano de 1786, quando foi vendida, cerca de 7.203 livros somente sobre ocultismo, nos quais os médiuns têm papel destacado.

A mediunidade é uma faculdade inerente ao homem, com objetivos elevados. O seu uso determina-lhe a destinação ao bem, com renúncia e desinteresse pessoal do médium, ou se transforma em motivo de preocupação, sofrimento e perturbação para ele mesmo e aqueles que o cercam.

Dentre todos os pesquisadores da peculiaridade mediúnica, destaca-se Allan Kardec, que a estudou em profundidade, arrancando-a da galeria mitológica na qual esteve por largo período, assim como liberando-a das demonopatias e psicopatologias a que a má-fé religiosa e a científica apressada desejam reduzi-la.

Graças aos seus esforços, os médiuns devem exercê-la com devotamento e modéstia, objetivando a divulgação da verdade.

Não se trata de um compromisso vulgar para exibicionismo barato ou promoção pessoal, porém, por meio do intercâmbio com os Espíritos nobres, serem as criaturas arrancadas do lamaçal dos vícios, ao invés de se tornarem campo para as paixões vis.

Mais se enfloresce nos círculos anônimos e obscuros, agigantando-se daí na direção da Humanidade aflita.

O conforto que proporciona é superior à capacidade de julgamento; a esperança que faculta é maior do que quaisquer palavras, porquanto, mediante os fatos incontestáveis, afirma a sobrevivência do ser à destruição pela morte, exornando a vida inteligente com sentido e finalidade.

Posta, a mediunidade, a serviço das ideias enobrecidas, é alavanca para o progresso e apoio para todas as aspirações do bom, do belo, do eterno.

X
OBJETIVO DA MEDIUNIDADE

Qual ocorre com qualquer faculdade orgânica ou intelecto-moral, a mediunidade, desvestida de mitos e tabus, exige cuidados especiais e competente educação. Possivelmente, requer maior soma de zelos e atenções, por proceder do Espírito, portadora de requisitos especiais e cuja finalidade elevada impõe providências específicas.

Possuidora de um campo de ação muito vasto, expande-se na razão direta em que é exercitada com disciplina, quão se apequena e desaparece quando deixada ao abandono, podendo, não raro, transformar-se em veículo de perturbação e prejuízo.

Instrumento programado para o serviço do amor e do esclarecimento da criatura humana, e, pois, consequentemente, da Humanidade, faculta o intercâmbio com os seres espirituais que comprovam a sua sobrevivência à morte, fazendo-se identificar, sem margem a dúvidas, propiciando uma revolução ético-comportamental relevante e demonstrando a legitimidade de todas as crenças religiosas no que tange ao futuro espiritual das criaturas.

Por essa mesma razão, a fim de que possa atingir os objetivos nobres para os quais existe, merece e necessita de atenções contínuas, desde a conduta moral do homem que a possui, como dos recursos que lhe devem ser aplicados, no que diz respeito ao estudo do seu mecanismo, tanto quanto da sua educação e flexibilidade.

Certamente, pode apresentar-se espontânea e generalizada em pessoas boas ou más, cultas ou ignorantes, por ser, também, de *natureza orgânica*, todavia, para tornar-se digna de crédito e respeito, faz-se credora de compreensível educação, graças à qual se lhe desdobram as possibilidades que dormem inatas aguardando ensejo para manifestar-se.

A mediunidade é um compromisso grave para o indivíduo, que responderá à consciência pelo uso que lhe conferir, como sucede com as faculdades morais que o credenciam à felicidade ou à desdita, como decorrência da aplicação dos seus valores.

Despida de atavios e de crendices, a faculdade mediúnica propicia imensa área de serviço iluminativo, conclamando pessoas sérias e interessadas à conscientização dos objetivos da vida.

A proliferação dos médiuns e a multiplicação de células dedicadas ao exercício das forças mediúnicas têm tornado comum a aceitação da faculdade, e certa faixa de simpatia ora a envolve, permitindo, por outro lado, que a vacuidade e a vulgarização trabalhem em prejuízo dos fins e meios de aplicação de que se reveste.

Lentamente, a modéstia e a humildade, a discrição e a simplicidade dos médiuns, o recolhimento e o trabalho incessante vão cedendo lugar ao *estrelismo* e às disputas estéreis por promoção de nomes pessoais e de entidades, num campeonato de insensatez lamentável sob todos os aspectos considerados.

A pressa pela divulgação pessoal, em detrimento do zelo pelo conteúdo das mensagens, vem transformando núcleos de atividade mediúnica em palcos de exibição, em veículos para atendimento de interesses escusos, de simonia, de frivolidade...

Os Espíritos nobres não se submetem aos caprichos dos médiuns e das pessoas frívolas interessadas nos jogos vazios do personalismo perturbador, cedendo lugar aos vulgares e irresponsáveis quais os próprios medianeiros, realizando fenômenos de sintonia que os candidatam a obsessões sutis a princípio, a caminho de lamentáveis processos irreversíveis e dolorosos...

Nenhum médium é, em consequência, perfeito e irretocável, isento da influenciação dos maus Espíritos como dos perturbadores, que povoam a erraticidade e lhes constituem provas ao orgulho e à vaidade, demonstrando a fragilidade humana, que é inerente à qualidade do ser falível em processo de evolução na Terra.

O exercício consciente e cuidadoso, enobrecido e dirigido para o bem, proporciona ao médium os tesouros da alegria interior que decorrem da convivência salutar com os seus guias espirituais interessados no seu progresso e realização.

Da mesma forma, experimenta crescer o círculo da afetividade além das fronteiras físicas, pelo fato de os Espíritos que com ele se comunicam envolverem-no em carinhosa proteção, aumentando o número de entidades que se lhe tornam simpáticas e agradecidas pelo ministério desenvolvido.

A educação das forças mediúnicas é de demorado curso, porquanto, à medida que a sensibilidade se apura, mais se amplia a capacidade de registro e de percepção extrafísica.

O médium, desse modo, responsável, no desdobramento das atividades a que se dedica, no setor em que se especializa, vai-se despojando dos grilhões terrenos e projetando-se na direção da vida imortal, superando os limites orgânicos e vendo crescer os horizontes iluminados do mundo maior que o fascina e enternece.

A mediunidade, portanto, em breve, na Terra, facultará aos homens a visão segura da sua imortalidade, proporcionando-lhes encarar a morte e o seu destino com naturalidade e paz.

Oxalá, próximos estejam esses dias e saibamos, Espíritos e homens, utilizar-nos corretamente da divina concessão, mediante cujo uso nos tornaremos uma só família, que já o somos, embora aparentemente separados pela cortina vibratória do corpo físico.

XI
PROBLEMAS DA MEDIUNIDADE

Prognosticam, alarmadas, pessoas que ignoram a excelência do conteúdo da Doutrina Espírita, que o exercício da mediunidade gera várias desordens emocionais, comprometendo o equilíbrio psicológico do homem.

Repetem, sem que se deem conta, velhos chavões que a experiência dos fatos demonstrou ultrapassados, porque destituídos da legitimidade.

A mediunidade, como qualquer outra faculdade orgânica, exige cuidados específicos para um desempenho eficaz quão tranquilo.

Os distúrbios que lhe são atribuídos decorrem das distonias emocionais do seu portador que, Espírito endividado, reencarna-se enredado no cipoal das próprias imperfeições, das quais derivam seus conflitos, suas perturbações, sua intranquilidade.

Pessoas nervosas apresentam-se inquietas, instáveis em qualquer lugar, não em razão do que fazem, porém, pelo fato de serem enfermas.

Atribuir-se, no entanto, à mediunidade a psicogênese das nevropatias é dar um perigoso e largo passo na área da conceituação equivocada.

O homem deseducado apresenta-se estúrdio e incorreto onde se encontre. Nada tem a ver essa conduta com a filosofia, a aptidão e o trabalho a que se entrega, porquanto o comportamento resulta dos seus hábitos e não do campo onde se localiza.

Justificam, os acusadores, que os médiuns sempre se apresentam com episódios de desequilíbrio, de depressão ou exaltação, sem complementarem que estes são inerentes à personalidade humana e não componentes das faculdades psíquicas.

Outrossim, estabelecem que os médiuns são portadores de personificações arbitrárias, duplas ou várias, liberando-as durante o transe, favorecendo, assim, as catarses psicanalíticas. Se o fora, eis uma salutar terapia liberativa que poderia propiciar benefícios incontáveis aos enfermos mentais.

Todavia, dá-se exatamente o contrário: não se trata de personalidades esdrúxulas do inconsciente as que se apresentam nas comunicações, mas de individualidades independentes que retornam ao convívio humano procedentes do mundo espiritual, demonstrando a sobrevivência à morte e fazendo-se identificar de forma insuspeita, consolando vidas, e, nos casos das obsessões, trazendo valioso contributo às ciências da mente interessadas na saúde do homem.

Evidentemente, aparecem manifestações da personalidade ou anímicas que não são confundidas com as de natureza mediúnica, decorrentes das fixações que permanecem no inconsciente do indivíduo.

Na área dos fenômenos intelectuais, tanto quanto dos físicos, os dados se acumulam, confirmando a imortalidade do ser, que se despe dos subterfúgios para surgir com tranquila fisionomia de vida plena.

Certamente, ocorrem, no médium, estados oscilantes de comportamento psicológico, o que é perfeitamente compreensível e normal, já que a mediunidade não o libera da sua condição humana e frágil.

A interação Espírito-matéria, cérebro-mente, sofre influências naturais, inquietantes, quando se lhes associam, psiquicamente, outras mentes, em particular aquelas que se encontram em sofrimento, vitimadas pelo ódio, portadoras de rebeldia, de desequilíbrio.

A tempestade vergasta a Natureza, que logo se recompõe, passada a ação danosa. Também no médium, cessada a força perturbadora, atuante, desaparecem-lhe os efeitos perniciosos.

Isso igualmente acontece entre os indivíduos não dotados de mediunidade ostensiva, em razão dos mecanismos de sintonia psíquica.

Na mediunidade, em razão dela mesma, a ocorrência cessa, em face dos recursos de que se faz objeto, ensejando um intercâmbio lúcido e um diálogo feliz com o agente causador da desordem transitória.

O Espiritismo é o único antídoto para tais perturbações, pelas orientações que proporciona e por penetrar na tecedura da faculdade mediúnica, esclarecendo-lhe o mecanismo e, ao mesmo tempo, dando-lhe sentido, direção.

Independendo de escola de pensamento, de fé e de credo, a mediunidade, ínsita no homem, merece ser educada pelos métodos espíritas, a fim de atender às nobres finalidades para as quais se destina, como instrumento de elevação do seu portador e de largos benefícios para as demais criaturas.

Não há problemas decorrentes do exercício saudável da mediunidade.

Assim, portanto, não se justificam as acusações que fazem à aplicação das forças mediúnicas no cotidiano espírita. O exercício correto da mediunidade, a educação das forças nervosas, a canalização dos valores morais para o bem, brindam o indivíduo com equilíbrio, harmonia, dele fazendo mensageiro da esperança, operário da caridade e agente do amor, onde quer que se encontre, a serviço da própria elevação espiritual.

XII
OBSTÁCULOS À MEDIUNIDADE NOBRE

O exercício sistemático da mediunidade, graças ao qual são desdobrados os recursos para uma correta aplicação a serviço da edificação do bem, encontra graves obstáculos que se podem configurar como verdadeiros perigos desafiadores.

Não é, porém, a mediunidade responsável por eles e sim o seu portador, quando leviano.

Antes, faz-se necessário considerar que o médium, na condição de Espírito encarnado, é condutor de problemas e dívidas que o acompanham desde experiências anteriores e que lhe cabe enfrentar para resolver e superar. Natural, portanto, que se veja a braços com os sofrimentos e testemunhos comuns a todas as demais criaturas, passando pelos mesmos campos de aprendizagem e prova, mediante os quais se equipará para tentames mais elevados.

Assim, adiciona, às suas necessidades evolutivas, os esforços resultantes da educação das suas forças medianímicas, que também lhe abrem as portas da percepção para a vida superior.

Na fase inicial – e convém considerar que os perigos não cessam nunca – um dos maiores escolhos à boa prática mediúnica é a insistência dos Espíritos levianos e maus por comunicarem-se, roubando tempo útil para o progresso, ou intoxicando o sensitivo com fluidos deletérios, ou distraindo-o com mensagens apócrifas, mentirosas, laudatórias, perturbadoras, com caráter de profecias apavorantes, muito do agrado da frivolidade como do orgulho dos incautos. Inculcando ideias irreais sobre falsas missões, induzem o intermediário presunçoso à obsessão por fascinação, que o leva a lamentáveis estados de desequilíbrio, de que se não dá conta, culminando em dolorosas subjugações de curso demorado, quando não irreversíveis...

Surdo a quaisquer advertências e telementalizado pelos seus algozes ou comparsas do comércio mediúnico, afasta-se do bom senso e das pessoas que não anuem com as suas ideias disparatadas, formando grupos de pessoas fanatizadas, que se reúnem, à sua volta, exaltando-lhe os *dons* e recorrendo aos seus *prodígios* em terrível desserviço à Causa da Verdade e ao próprio fascinado.

Esse escolho se apresenta mediante *febre* que assalta quem lhe padece a injunção por se projetar, escrevendo e divulgando tudo quanto lhe chega, aureolado por nomes respeitáveis e venerandos, que não suportam a menor análise crítica, quanto à forma, nem quanto ao fundo...

Convidado à reflexão, assume postura de vítima, perseverando na ilusão de que é missionário especial, incompreendido e maltratado pelos seus coetâneos.

Precatem-se as pessoas honestas dessa como de outras ciladas que as podem colher, meditando e analisando as mensagens que lhes cheguem. Tudo quanto induza à vaidade ou à projeção nos palcos do mundo seja recebido com a devida reserva, sem pressa alguma de querer "salvar a Humanidade".

Neste capítulo, merece referência a impulsão constante para psicografar ou incorporar, para aplicar o passe ou exercer a mediunidade em qualquer lugar e a toda a hora, demonstrando desconhecimento e desordem íntima em se tratando da própria e da vida alheia, que devem ser respeitadas. Comunicações excessivamente largas e vazias, transes que se prolongam por horas a fio, com raríssimas exceções, constituem sinais de alarme, mesmo porque os Espíritos nobres têm inúmeras outras ocupações além de assistirem aos seus tutelados terrestres.

Gesticulações e movimentos violentos durante a comunicação, atavismos de linguagem pieguista, imitando antigos habitantes dos países em que os comunicantes nasceram, agressividade e contorções faciais como corporais pertencem às entidades inferiores ou ressumam do inconsciente do médium e devem ser corrigidos.

Certamente, nas comunicações dos sofredores desencarnados, podem registrar-se alguns modismos característicos dos estados de aflição em que eles se encontram; todavia, socorridos, devem ter diminuídos os estertores e gestos cuja violência desarticula os sutis mecanismos da faculdade mediúnica.

Em toda educação da mediunidade com elevação, o Espírito guia do encarnado patrocina e controla o processo disciplinante, desde que este se lhe faça dócil às instruções, jamais, porém, abdicando do livre-arbítrio e da razão.

Outro gravame ao exercício equilibrado das forças mediúnicas é o seu mercantilismo. Induzido por pessoas inescrupulosas e desconhecedoras da finalidade do Espiritismo, que é o de fomentar o progresso moral da Humanidade, o médium, resistindo de início aos pagamentos pelos *serviços prestados*, termina, não raro, sua vítima, passando à condição de profissional da mediunidade, com alegações banais e sem justificativas. Advertido pelos seus mentores, se prossegue, elege as companhias espirituais mais compatíveis com seus desejos, rumando, então, sob diferente e inferior comando.

Outro impedimento à correta vivência mediúnica está na interpretação errônea dos objetivos desta. A pessoa atribui aos Espíritos toda e qualquer ocorrência, isentando-se, como aos demais, dos deveres e responsabilidades que lhes dizem respeito.

Que os "Espíritos interferem" na vida dos homens, não há a menor dúvida. Que sejam, porém, os responsáveis exclusivos pelos insucessos das criaturas, isto, já é diferente.

A interferência dá-se por motivo da sintonia mental e moral que mantêm com os indivíduos em razão de suas paixões inferiores recíprocas. Portanto, por aquiescência dos próprios encarnados.

Assim, diante de determinados acontecimentos, não obstante se busque a terapêutica ou a ajuda espiritual, recorra-se também aos processos compatíveis para a solução de cada um deles. Nos problemas da saúde, que não seja descartada a assistência médica e, conforme o caso, a presença do especialista na área correspondente.

Os Espíritos atuam como cireneus, e não como solucionadores que tomassem sobre os ombros a responsabilidade, os compromissos e as tarefas dos seus protegidos.

Por fim, consideremos a irregularidade do exercício mediúnico, a inconstância derivada da preguiça física ou mental responsável pelo insucesso do dever, mantendo o candidato sempre na superfície, atuando na faixa da *mediunidade atormentada*, que não progride, é repetitiva, insegura e monótona na sucessão do tempo.

É claro que nos não reportamos aqui a todos os perigos a que a má orientação pode expor os médiuns. Entretanto, a partir destes, será fácil deduzir-se os outros, assumindo a postura e os cuidados exigíveis a fim de poder-se exercer a faculdade com tranquila confiança e consciência de que, fazendo o melhor ao alcance, se estará logrando realizar o máximo a benefício próprio e do próximo.

XIII

EDUCAÇÃO DAS FORÇAS MEDIÚNICAS

Identificados pelo sensitivo os sintomas que lhe caracterizam a faculdade mediúnica, a ele cumpre o dever de educá-la.

Somente o médium é capaz de qualificar-se nessa condição.

Nenhum sinal externo pode chamar a atenção do observador, a fim de apontar as pessoas que sejam possuidoras de mediunidade.

Não obstante originária no Espírito, exteriorizando-se por meio do organismo físico, não apresenta síndromes externas, e, mesmo quando algumas destas possam tipificar-lhe a presença, tal conclusão jamais será infalível.

Deste modo, à pessoa sensata e lúcida cumpre o mister de observar a procedência das sensações e percepções que, amiúde, lhe chamam a atenção, por não obedecerem a um curso normal, habitual.

A mediunidade, propiciando a interferência dos desencarnados na vida humana, a princípio gera estados peculiares na área da emotividade como nos estados fisiológicos. Porque mais facilmente se registram as presenças de seres negativos ou perniciosos, a irradiação das suas energias produz esses estados anômalos, desagradáveis, que podem ser confundidos com problemas patológicos outros.

O sensitivo, porém, é sempre chamado à observância dessas manifestações, por surgirem em momentos menos próprios ou aparentemente sem causas desencadeadoras.

Constatando que esses distúrbios, como também as ocorrências de estesia íntima, não procedem da emotividade ampliada e jubilosa, de sucesso normal, a educação das forças mediúnicas faz-se inadiável.

Quando se trata de fenômenos no campo auditivo, visual ou de movimentos físicos, mais claramente se descobre o fator medianímico na condição de causa geradora deles.

O exercício correto da mediunidade nenhum perigo oferece a quem quer que seja.

Essa educação tem por objeto atender a faculdade que desabrocha, a fim de que venha a produzir os resultados superiores a que se destina.

Não existem regras fixas nem programas simples para uma orientação de resultados rápidos.

O estudo da própria faculdade com o competente conhecimento do Espiritismo são as bases essenciais e indispensáveis para uma orientação segura e sem qualquer prejuízo.

O exercício metódico da faculdade em desdobramento especializado é o passo seguinte, proporcionador do equilíbrio que faculta mais amplas incursões na experiência transcendental.

Em se tratando de psicografia, é viável que se reservem alguns minutos, duas vezes por semana, no lar, em clima de prece e de harmonia, além da educação em grupo, para dar prosseguimento ao seu exercício, dentro de uma disciplina que impede a interferência dos Espíritos infelizes, da fascinação obsessiva, do desajuste emocional.

Outras faculdades merecem um tratamento mais cuidadoso, portanto, em grupo constituído por pessoas dignas, sérias, interessadas no próprio como no progresso da Humanidade.

Cada dia, o médium defrontará sensações novas e viverá emoções que lhe cabe anotar, de modo a treinar o controle pessoal, estabelecendo a linha demarcatória entre a sua e as personalidades que o utilizam psiquicamente.

A atividade na área da caridade ilumina-o e a oração fortalece-o, resguardando-o das influências prejudiciais, que pululam em toda parte, por serem resultado da conduta moral dos homens em estado de desencarnados.

O cultivo do silêncio interior e do recolhimento favorece a educação mediúnica, por aguçar as percepções parafísicas, ensejando mais amplas possibilidades de intercâmbio espiritual.

Contudo, a sucessão do tempo é que adestrará o médium para bem servir, equipando-o com os recursos hábeis para tornar-se um bom e dúctil instrumento, usado pelos bons Espíritos, que dele se acercam e se interessam por conduzi-lo no cumprimento dos deveres a que se vincula.

Em todo e qualquer fenômeno mediúnico, o intercâmbio dá-se pelo perispírito do encarnado, que favorece a imantação psíquica do agente, nele plasmando as suas características, que facultarão a perfeita identificação, culminando, às vezes, em admiráveis fenômenos de transfiguração.

A *Lei dos Fluidos*, isto é, a identificação fluídica entre o médium e o Espírito, constitui fator relevante para uma comunicação harmônica, pois que, se eles são contrários ou se exteriorizam em faixas vibratórias diversas, mui dificilmente se podem esperar resultados positivos.

A meta da caridade, em sua essência, deve constituir o campo de trabalho do médium, no qual se burila e aprimora, iluminando consciências e socorrendo os que sofrem, em um como no outro lado da vida, carentes e ansiosos por alento, paz e libertação.

A educação mediúnica é para toda a existência, pois que, à medida que o médium se torna mais hábil e aprimorado, melhores requisitos são colocados para a realização do ministério abraçado.

A mediunidade, portanto, para desdobrar-se, necessita da anuência do seu portador, exceto nos casos de obsessão, quando irrompe mediante a violência da agressão dos adversários do sensitivo que, desta forma, se desvelam, requerendo atendimento e compreensão.

Não sendo irrepreensível médium nenhum, a vigilância há de constituir-lhe norma de segurança, reconhecendo, na sua fragilidade, a força para o sucesso da empresa espiritual.

À semelhança de enxada benéfica, quanto mais o médium trabalha, mais aguça a percepção, qual aquela que, mais cavando, mantém a lâmina sempre afiada e útil.

O candidato, pois, à mediunidade, que sente os seus primeiros sinais, educando-se e educando-a, capacita-se para ser obreiro do mundo melhor de amanhã, vivendo-o desde agora numa estrutura paranormal e abençoada.

XIV

MISTIFICAÇÕES NA MEDIUNIDADE

O exercício da mediunidade correta impõe disciplinas que não podem ser desconsideradas, seriedade e honradez que lhe conferem firmeza de propósitos com elevada qualidade para o ministério.

Porque independe dos requisitos morais do intermediário, este há de elevar-se espiritualmente, a fim de atrair as entidades respeitáveis que o podem promover, auxiliando-o na execução do delicado programa a que se deve ajustar.

Pelo fato de radicar-se no organismo, o seu uso há que ser controlado e posto em regime de regularidade, evitando-se o abuso da função, que lhe desgasta as forças mantenedoras, como a ausência da ação, que lhe obstrui mais amplas aptidões que somente se desenvolvem mediante equilibrada aplicação.

Em face da sintonia psíquica responsável pela atração daqueles que se comunicam, a questão da moralidade do médium é de relevante importância, preponderando, inclusive, sobre os requisitos culturais, porquanto estes últimos podem constituir-lhe uma provação, jamais um impedimento, enquanto a primeira favorece a união com os Espíritos de igual nível evolutivo.

Embora os cuidados que o exercício da mediunidade exige, nenhum sensitivo está isento de ser veículo de burla, de mistificação. Esta pode, portanto, ter várias procedências: a) dos Espíritos que se comunicam, denunciando a sua inferioridade e demonstrando falhas no comportamento do medianeiro, que lhes ensejou a farsa; às vezes, apesar das qualidades morais relevantes do médium, este pode ser vítima de embuste, que é permitido pelos seus instrutores desencarnados com o fim de pôr-lhe à prova a humildade, a vigilância e o equilíbrio; b) involuntariamente, quando o próprio Espírito do médium não logra ser um fiel intérprete da mensagem, por se encontrar em aturdimento, com estafa, desgaste e desajustado emocionalmente; c) inconscientemente, em razão da liberação dos arquivos da memória – animismo – ou por captação telepática direta ou indireta; d) por fim, quando se sentindo sem a presença dos comunicantes e sem valor moral para explicar a ocorrência, apela para a mistificação consciente e infeliz, derrapando no gravame moral significativo.

Eis por que o médium se deve preservar dos abusos, não exorbitando das energias que lhe permitem a ação da faculdade, porquanto esta, à semelhança de outra qualquer, sofre as alternâncias do cansaço e do repouso, da boa ou da má utilização.

A prática mediúnica impõe, como condições ético-morais, o idealismo e a dedicação desinteressada de quaisquer recompensas, pois que o mercantilismo e a simonia transformam-na em campo de exploração perniciosa. Não se beneficiando com as retribuições que são encaminhadas aos médiuns, os Espíritos nobres os deixam à própria sorte, sendo assim substituídos pelos interesseiros e vãos, que passam ao comércio das forças psíquicas em processo de vampirismo cruel, terminando por apropriar-se da casa mental do irresponsável em conúbio danoso. Outras vezes, sentindo-se *obrigado* a atender o consulente que lhe compra o horário, o sensitivo assume a responsabilidade da mensagem, mistificando em consciência, na crença de que ao outro está enganando, sem se dar conta das consequências funestas que o gesto lhe acarreta e que se apresentarão no momento próprio.

A venda, porém, da mediunidade, não se dá, exclusivamente, mediante a moeda de contado, mas, também, por meio dos presentes de alto preço, da bajulação chula, do destaque vão com que se busca distinguir os médiuns, exaltando-lhes o orgulho e a vaidade.

É austera e irretocável a recomendação de Jesus quanto ao "dar de graça o que de graça se recebe", valorizando-se o conteúdo da concessão superior, honrando-a com carinho e respeito, em razão da sua procedência, quanto do seu destino.

A mistificação mediúnica de qualquer natureza tem muito a ver com o caráter moral do médium, que, consciente ou não, é responsável pelas ocorrências normais e paranormais da sua existência.

A mediunidade é para ser exercida com responsabilidade e pureza de sentimentos, não se lhe permitindo macular com as enganosas paixões inferiores da condição humana das criaturas.

Com a sua vulgarização e a multiplicação dos médiuns, estes, desejando valorizar-se e dar brilho especial às suas faculdades, apelam para superstições e exotismos do agrado das pessoas frívolas e ignorantes, que os incorporam às suas ações, caindo, desse modo, em mistificações da forma, mediante os processos escusos com os quais visam a impressionar os incautos.

A prática mediúnica dispensa todo e qualquer rito, indumentária, práxis, condição, por estribar-se em valores metafísicos que as formas exteriores não podem alcançar.

O mau uso da faculdade mediúnica pode entorpecê-la e até mesmo fazê-la desaparecer, tornando-se, para o seu portador, um verdadeiro prejuízo, uma rude provação.

Algumas vezes, como advertência, interrompe-se-lhe o fluxo medianímico, e os Espíritos superiores, por afeição ao médium, permitem que ele o perceba, a fim de mais se adestrar, buscando descobrir a falha que propiciou a suspensão e restaurando o equilíbrio; outras vezes, é-lhe concedida com o objetivo de facultar-lhe algum repouso e refazimento.

A mistificação é um dos graves escolhos à mediunidade, todavia, fácil de se evitar, como de se identificar.

A convivência com o médium dará ao observador a dimensão dos seus valores morais, e será por estes que se poderá medir a qualidade e as resistências mediúnicas do mesmo, a possibilidade dele ser vítima ou responsável por mistificações.

XV
RIVALIDADE ENTRE OS MÉDIUNS

Remanescente dos *instintos agressivos*, a rivalidade é presença negativa no caráter humano, que a criatura deve superar.

Se a competição saudável é estimuladora para desenvolver os valores humanos, potenciais, momentaneamente adormecidos, a rivalidade decorre do primarismo animal, que atira as criaturas umas contra as outras.

O rival é antagonista apaixonado, a um passo da violência, na qual derrapa facilmente, facultando-se a explosão de danos graves para si mesmo, bem como para os outros.

Infelizmente, perturbando a sociedade, na luta pela predominância do egoísmo, a rivalidade entre os homens leva-os aos estados belicosos, quando a solidariedade os engrandeceria, propiciando bênçãos a toda a comunidade.

É natural que, também entre os médiuns, o morbo das rivalidades injustificáveis irrompa, virulento, enfermando quantos lhe permitem o contágio.

Invigilantes, olvidam-se da terapia do amor e deixam-se infelicitar, asfixiados pela inveja, pela mágoa, pelo ciúme, contribuindo para as lutas inglórias que, lamentavelmente, se instalam nos grupos, nos quais estes se encontram a serviço.

No contubérnio que se estabelece, a rede da insensatez divide os membros do trabalho, que passam a antagonizar-se, embora abraçando os ideais da liberdade, da tolerância, do amor, da caridade.

Tais rivalidades têm sido responsáveis pelo malogro de empreendimentos significativos, elaborados com carinho através dos anos, e que se desgastam e se desorganizam com facilidade, tornando-se redutos de decepções e amarguras.

A rivalidade é um mal que aguarda solução, combate de urgência.

Surge de forma sutil; instala-se com suavidade, qual erva parasita em tronco generoso, e passa a roubar a energia de que se nutre, terminando por prejudicar o hospedeiro que lhe dá guarida.

O médium deve ser um servidor da vida, a benefício de todas as vidas.

A sua há que se tornar a luta pelo autoaprimoramento, observando as mazelas e estudando as deficiências, a fim de mais crescer na escala dos valores morais, de modo a sintonizar com as entidades venerandas, nem sempre as que se tornaram famosas no mundo, mas que construíram as bases da felicidade pelo amanho do solo dos corações na execução do bem.

A ele cabe disputar a honra de servir e não a de aparecer; de ceder e nunca a de impor; de amar e jamais a de fruir, apagando-se, para que resplandeça a luz da verdade imortal de que se faz instrumento.

Como do homem de bem se esperam a preservação e vivência dos valores éticos, do instrumento mediúnico se aguarda o perfeito entrosamento emocional e existencial entre o de que se faz portador e o comportamento cotidiano.

O médium espírita é simples, sem afetação, desprovido do tormento de provar a sua honestidade aos outros, porque sabe que, *no mundo*, somente se experimentam *aflições*, conforme ensinou Jesus. Ademais, ele reconhece que está a serviço do bem, ao qual lhe cumpre atender com naturalidade e paz.

Médiuns rivais são antagonistas em justas infelizes, buscando vitória em nome das vaidades que corrompem o coração e envenenam a razão.

Se alguém se apresenta mais aquinhoado para o serviço mediúnico, mais endividado certamente o será, porquanto a mediunidade a serviço do bem é via de acesso e de redenção para o Espírito, e não moldura brilhante para as fulgurações terrestres.

Ao invés de rivalidade competitiva, fomentemos a oração e o auxílio fraternal entre todos, a fim de que o êxito se apresente, não pelo aplauso humano, porém pela abnegação e largo trabalho de edificação do bem entre os homens.

XVI
OBSESSÃO NA MEDIUNIDADE

Escolho à educação e ao exercício da mediunidade, a obsessão é vérmina a corroer o organismo emocional e físico da criatura humana.

Somente ocorre a parasitose obsessiva quando existe o devedor que se lhe torna maleável, na área da consciência culpada, que sente necessidade de recuperação.

Conservando a *matriz* da inferioridade moral no cerne do ser, o Espírito devedor faculta a vinculação psíquica da sua antiga vítima, que se lhe torna, então, cruel cobrador, passando à posição de verdugo alucinado.

Estabelecida a sintonia, o vingador ensandecido passa a administrar, por usurpação, as energias que absorve e lhe sustentam o campo vibratório no qual se movimenta.

A obsessão é obstáculo à correta educação da mediunidade e ao seu exercício edificante, em face da instabilidade e insegurança de que se faz portadora.

A síndrome obsessiva, no entanto, revela a presença da faculdade mediúnica naquele que sofre o constrangimento espiritual dos maus Espíritos, pois estes somente a exercem como expressão da ignorância e loucura de que se fazem objeto, infelizes que também o são nos propósitos que alimentam e nas ações que executam.

A desorientação mediúnica, em razão de uma prática irregular, faculta obsessões por fascinação e subjugação em longo prazo, de recuperação difícil, quando não irreversível...

Nesse sentido, a *parasitose obsessiva* pode, após demorado curso, dar lugar à distonia nervosa, o que facilita a instalação da loucura em suas variadas manifestações.

No princípio, a obsessão pode ser confundida com alguma dessas manifestações psicopatológicas, tais a neurose, a psicose, e, às vezes, a esquizofrenia...

É necessário muito cuidado para uma diagnose exata nessa área, pois que a fronteira entre uma dessas perturbações mentais e a interferência espiritual deletéria é muito sutil.

Não é, porém, a mediunidade que responde pela eclosão do fenômeno obsessivo. Aliás, por meio do cultivo correto das faculdades mediúnicas é que se dispõe de um dos antídotos eficazes para esse flagelo, porquanto por meio delas se manifestam os perseguidores desencarnados, que se desvelam e vêm esgrimir as falsas razões nas quais se apoiam, buscando justificar a insânia.

Será, todavia, a transformação pessoal e moral do paciente que lhe concederá a recuperação da saúde mental, libertando-o do cobrador desnaturado.

O processo de reequilíbrio, porém, é lento, exigindo altas doses de paciência e de amor por parte do enfermo, como daqueles que lhe compartilham a experiência afetiva, social, familiar.

Sujeita a recidivas, como é compreensível, gera desconforto e desânimo, levando, desse modo, os que nela se encontram incursos, ao abandono da terapia refazente, à desistência da luta, entregando-se, sem qualquer resistência, e deixando-se consumir.

Não se manifesta, entretanto, a alienação por obsessão exclusivamente no exercício da mediunidade, sendo comum a sua ocorrência em pessoas totalmente desinformadas e desconhecedoras dos mecanismos da sensibilidade psíquica... Iniciando-se o processo com sutileza ou irrompendo com violência, torna-se o indivíduo, depois de corrigida a desarmonia, portador de faculdades mediúnicas que jaziam em latência, graças às quais aquela se pôde manifestar.

Seja, porém, qual for o processo por meio de cujo mecanismo se apresente, a obsessão resulta da identificação moral de litigantes que se encontram na mesma faixa vibratória, necessitados de reeducação, amor e elevação.

A mediunidade constitui abençoado meio para evitar, corrigir e sanar os processos obsessivos, quando *exercida religiosamente*, isto é, com unção, com espírito de caridade, voltada para a edificação do "Reino de Deus" nas mentes e nos corações.

Nenhum médium, todavia, ou melhor dizendo, pessoa alguma está indene a padecer de agressões obsessivas, cabendo a todos a manutenção dos hábitos salutares, da vigilância moral e da oração mediante as ações enobrecidas, graças aos quais se adquirem resistências e defesas para o enfrentamento com as mentes doentias e perversas que pululam na erraticidade inferior e se opõem ao progresso do homem, portanto, da Humanidade.

Esse comércio psíquico pernicioso, o da obsessão, é muito mais expressivo entre os homens e os Espíritos desencarnados doentes do que se supõe, merecendo o estudo e a atenção daqueles que se interessam por equacionar os graves problemas que perturbam a economia emocional e moral da sociedade.

A obsessão, no exercício da mediunidade, é alerta que não pode ser desconhecido, constituindo chamamento à responsabilidade e ao dever.

Mesmo Jesus, o Médium Superior e Irretocável, viu-se a braços com obsessores, obsidiados e tentações promovidas por mentes perversas do Além-túmulo, para os quais a Sua foi sempre a atitude de amor, energia e caridade, encaminhando-os ao Pai, de Quem procedem todas as mercês e dádivas.

XVII
MÉDIUNS EM DESCONCERTO

Sem qualquer dúvida, conforme acentuou Allan Kardec, o egrégio codificador do Espiritismo, o maior adversário da mediunidade é a *obsessão*, e os seus antídotos eficazes são o conhecimento e a prática sadia da Doutrina incorporada ao cotidiano, conforme já nos referimos anteriormente.

A obsessão, porém, somente ocorre porque o adversário espiritual encontra naquele a quem persegue os *plugues* de fixação perniciosa, procedentes de experiências pretéritas ou decorrentes da conduta incorreta na atualidade.

Quanto às vicissitudes defluentes do passado, o homem dispõe da atual conjuntura corpórea para redimir-se, assinalando a existência com valores positivos que o capacitam para adquirir bênçãos, disciplinando-se e produzindo valorosamente em favor dos objetivos elevados da vida.

Conscientizando-se do significado da sua reencarnação, nela investe todos os recursos morais e intelectuais a fim de aprimorar-se, limando as arestas que representam as viciações e defeitos que contribuíram para a sua queda na desdita.

Dá-se conta de que, em cada momento bem utilizado, pode remover obstáculos que permanecem dificultando-lhe a marcha, ao mesmo tempo auxiliando as demais pessoas à sua volta, sejam aquelas que o crivam de aflições, ou aqueloutras que o impelem para o fracasso; ou, ainda, as que cooperam fraternalmente em favor do seu reequilíbrio, a todas oferecendo a luz da fé libertadora e o calor da amizade pura.

Neste sentido, o da ascensão, a mediunidade se lhe apresenta como excelente instrumento de elevação pelos benefícios que pode proporcionar, já que tem como objetivo a demonstração da sobrevivência da alma, e, por consequência, é porta de ação caridosa, tendo-se em vista o crescente número de sofredores que pululam em toda parte.

Aqui, no entanto, reside o ponto de alta responsabilidade mediúnica, que reflete a conduta do intermediário. Conforme seja esta, apresentar-se-á aquela.

A *Lei de Afinidades e de Semelhanças* funciona com automatismo, atraindo para a órbita da ação do medianeiro os Espíritos que lhe são equivalentes em propósitos e aspirações, comportamentos e interesses.

Verdadeiros *fantasmas*, todavia, rondam o médium, em forma de companhias que, por sua invigilância, terminam por dominá-lo, levando a mediunidade a lamentáveis desconcertos.

A presunção, que se deriva do orgulho, é um dos inimigos mais vigorosos, por sugerir ao médium certa invulnerabilidade às forças negativas, tornando-o, desde então, vítima da burla e das mistificações dos Espíritos ociosos e perversos.

Além dessa imperfeição, a conduta reprochável envolve-o em vibrações vis que o intoxicam, desarticulando os delicados mecanismos psíquicos encarregados dos registros superiores, sintonizados conforme então se encontram com as faixas mais grosseiras da esfera inferior.

O complexo mecanismo da mediunidade exige um tratamento cuidadoso que o sensitivo deve administrar com zelo e carinho especiais, de forma a estar em harmonia constante, porquanto a função mediúnica é permanente, não se restringindo a espaços adrede estabelecidos.

A vida mental enriquecida de imagens otimistas e de ressonâncias superiores, que se derivam da oração e da vivência saudável, funciona como lubrificante oportuno e indispensável na aparelhagem sensível e muito sofisticada da sua paranormalidade.

O ácido da revolta cultivada, a ferrugem do constante mau humor, o salitre da ambição e os venenos emanados pela exorbitância das paixões servis tornam-se corrosão nos implementos que constituem os equipamentos nobres, que se destinam a fins libertadores.

Em face do mau uso, quando se apresentam os desconcertos mediúnicos, sejam por indução obsessiva ou decorram da indisciplina moral do intermediário, a marcha na direção do abismo é lamentável e quase sempre irreversível.

Médiuns, pois, que vivem em situações psíquicas de altibaixos, no exercício do ministério a que se aprestam, destrambelham a faculdade abençoada que deveriam dignificar, porque, sem exceção, pediram-na antes do renascimento por saberem que o seu uso correto lhes concederia a palma da vitória, num retorno à Pátria em paz, o que, em face da leviandade e da loucura de que se deixam possuir, não se dará, impondo-lhes futuras experiências no corpo sob o açodar de dores inomináveis, que agora poderiam evitar.

XVIII
MÉDIUNS-FENÔMENOS

No passado, como no presente, nas antigas civilizações, conforme sucede nas hodiernas, sempre têm aparecido homens-fenômenos, chamando a atenção dos seus coevos para as *maravilhas* de que são instrumentos.

Denominados por expressões variadas, há, entre eles, quase sempre, um comportamento comum, que se torna característico e desafiador da presença dos antepassados como agentes dos acontecimentos extraordinários.

Consubstanciando a crença natural na imortalidade da alma, têm-se tornado verdadeiros desafios às opiniões opostas, ao cepticismo, à negação dessa sobrevivência do ser à sepultura.

Videntes ou *arúspices*, *gurus* ou *hierofantes*, *profetas* ou *richis*, *oráculos* ou *feiticeiros*, tornaram-se exemplos de paranormalidade especial que não pode ser desconsiderada, ocupando lugar de destaque na historiografia da Humanidade, mesmo quando anulados o entusiasmo e as paixões nacionais de cada cultura na qual viveram.

Entre os povos primitivos ou no meio das civilizações mais avançadas, eles têm sido motivo de estudo e análise que os tornam credores de confiança, apesar de medrarem, como efeito da própria natureza humana, em todo setor os mistificadores, os mentirosos e os zombeteiros da credulidade dos ingênuos.

Alguns, pesquisados com critério e exigência científicos por dezenas de anos e por diferentes investigadores, sempre demonstraram a lisura e dignidade com que desempenharam o seu mister, contribuindo eficazmente para a elucidação de inúmeros problemas psíquicos, ora incorporados às ciências especializadas na sua realidade e divulgação.

De Moisés, o legislador, a Daniel Dunglas Home; ou de Jeremias, o Profeta, a Stainton Moses; ou de Ana, identificando o Messias infantil no Templo, à Senhora d'Espérance, ou à Senhora Eleonora Piper; ou de Swedenborg aos irmãos Davenport; ou de Apolônio de Tiana a Eusápia Paladino, incontáveis sensitivos produziram fenômenos que comoveram as comissões que os estudaram ou os homens, seus contemporâneos, que participaram das suas admiráveis manifestações, preparando as mentes para a vivência da ética-moral saudável ensinada por Jesus, como salvo-conduto para adentrar-se no "Reino dos Céus".

Ontem, como hoje, foram muitos deles vítimas da suspeita sistemática e do escárnio, alguns levados a julgamentos e a condenações arbitrárias, como outros erguidos à santificação e à glória injustificáveis, fora de uma diretriz equilibrada que a moderna consciência espírita pode proporcionar.

A partir de Allan Kardec, esses homens-fenômenos foram situados nos seus devidos lugares, merecendo respeito como criaturas humanas que são, pelos valores morais que possuem e não apenas pelas faculdades, pura e simplesmente, de que são dotados.

Periodicamente, a Divindade os envia à Terra, especialmente quando predomina a treva da ignorância e da soberba, a fim de que advirtam os homens a respeito da transitoriedade da vida material, conclamando-os a uma mudança de atitude mental e moral, que lhes será a base na sobrevivência futura, para serem felizes ou desditosos.

Portadores de alta responsabilidade em si mesmos, esses médiuns especiais, com possibilidades de produzirem fenômenos insólitos, responderão pelo uso que aplicarem às suas faculdades, porque, eles mesmos, melhores do que quaisquer outras pessoas, conhecem a procedência dos sucessos de que se fazem objeto, não podendo fugir ao dever de conduzir a existência com elevação e dignidade compatíveis.

Multiplicam-se, em nossos dias esses médiuns-fenômenos, uns desequipados do conhecimento espírita e outros que se recusam possuí-lo, explorando ou enganando, apresentando-se como seres privilegiados, exigindo prerrogativas e direitos que, em verdade, não merecem.

Eis por que o maior fenômeno, na mediunidade, é o da transformação moral do sensitivo, demonstrando pelo exemplo a excelência das mensagens intelectuais ou objetivas que ocorrem por seu intermédio.

Acima e mais importante do que fenômenos retumbantes na mediunidade, a ação da caridade em favor dos sofredores de ambos os planos da vida deve constituir uma das metas a conquistar, por todo aquele que empreenda a tarefa de consagrar-se ao intercâmbio mediúnico, de cujos frutos superiores se beneficiará, reparando os erros do pretérito e aplainando as estradas que deverá percorrer no futuro.

Respeitando, nos médiuns portadores de fenômenos retumbantes e que chamam a atenção, o seu ministério, conclamamos os trabalhadores dispostos à conquista da paz íntima e à ação do bem, por meio do exercício da mediunidade com Jesus, na caridade fraternal, a trabalharem pelo mundo moral renovado, prenúncio da Humanidade feliz dos tempos porvindouros.

XIX

MÉDIUNS IMPERFEITOS

Causam estranheza, não poucas vezes, as comunicações mediúnicas procedentes dos Espíritos nobres por meio de pessoas insensatas ou portadoras de conduta irregular.

O normal, que prevalece nesta como em qualquer outra atividade, é a vigência da *Lei das Afinidades* mediante a qual é mais fácil aqueles que são simpáticos entre si se mancomunarem e intercambiarem do que a ocorrência de fenômenos opostos.

Certamente, a predominância da ordem e do equilíbrio em todos os quadrantes da natureza constitui a base da harmonia.

No que tange aos valores ético-morais, o mecanismo é idêntico. Todavia, com objetivos elevados, as Entidades superiores, por falta, às vezes, de médiuns que sintonizem com os seus relevantes propósitos, utilizam-se daqueles que encontram, com dupla finalidade: adverti-los por meio de orientações seguras e auxiliar as pessoas confiantes ou necessitadas que lhes buscam o socorro.

Não se melhorando tais médiuns, mais agravam o seu estado espiritual, pois que não se podem justificar posteriormente, quando chamados à ordem, sob a primária alegação de que ignoravam a gravidade dos deveres de que se encontravam investidos.

Ademais, a mediunidade é neutra, em si mesma, qual telefone que pode ser utilizado por pessoas boas e más, de conduta elevada como reprochável, ricas ou necessitadas, cabendo ao proprietário selecionar a clientela mediante os critérios que melhor lhe digam respeito.

A imperfeição, inerente às criaturas humanas, provém dos atavismos que as fixam às faixas primárias das quais procedem e ainda não lograram liberar-se.

Portadoras da faculdade mediúnica, dispõem de precioso instrumento que, dignamente utilizado, as auxiliará no processo de aprimoramento intelecto-moral, superando os limites primitivos e adquirindo mais amplas percepções sobre a vida e si mesmas, com os olhos postos em metas relevantes que as aguardam.

Malbaratar o precioso *talento da mediunidade*, deixando-a enxovalhar-se sob o uso com finalidades pueris e frívolas, indignas e vulgares, acarreta penosas aflições que impõem renascimentos dolorosos, nos quais a demorada meditação no *cárcere carnal* deficitário auxiliará o calceta a valorizar os bens do Senhor, que são colocados ao seu alcance para o crescimento íntimo e a felicidade.

Outrossim, a incorreta utilização dos recursos mediúnicos entorpece os *centros de registro* e termina, quase sempre, por desarmonizar o psiquismo e a emoção, levando a patologias muito complexas.

Médiuns ciumentos, imorais, simoníacos, exibicionistas, mentirosos e portadores de outras imperfeições morais pululam em toda parte, descuidados e levianos, acreditando-se ignorados pelas Leis Soberanas e supondo-se detentores de forças próprias, podendo utilizá-las a bel-prazer sem qualquer responsabilidade nem consequência moral.

Mesmo estes, vez que outra, são visitados pelos mentores espirituais compadecidos, que deles se acercam para os auxiliar, intentando despertá-los para os deveres e compromissos que lhes dizem respeito.

Cabe, desse modo, a todos os médiuns, a vigilância constante e a oração frequente, a ação caridosa e a disciplina segura, a fim de se precatarem de si mesmos, de suas imperfeições e da interferência dos Espíritos impuros e perturbadores, resguardando-se das ciladas que a necessidade de evolução lhes permite enfrentar, a fim de adquirirem a segurança íntima e o equilíbrio para atingirem mais elevadas faixas vibratórias, nas quais permanece o pensamento divino aguardando ser captado para o progresso da Humanidade.

Não seja, pois, de causar estranheza, a comunicação dos guias espirituais por meio dos médiuns imperfeitos e em meios perniciosos, assim como as mensagens dos Espíritos estúrdios e maus por meio dos instrumentos de sadia moral e equilíbrio espiritual, que os visitam para beneficiar-se e receber instrução e roteiro, esclarecimento e diretriz de libertação.

A imperfeição, que se manifesta nos homens ou nos Espíritos, indica estágio inferior no qual transita o seu portador, que se deve empenhar por superá-la, trabalhando com acendrado esforço para libertar-se da cruel grilheta.

Todos marchamos da sombra na direção da Grande Luz que nos atrai e que um dia nos banhará em definitivo, eliminando toda mácula e primarismo por acaso ainda existente em nós.

XX

MÉDIUNS INSTÁVEIS

Enxameiam em toda parte a leviandade e a fantasia atreladas às paixões dissolventes, arrastando multidões. Manifestam-se, ora com acendrado interesse por algo fazer, e em momentos outros na condição de indiferença, sob as justificativas irresponsáveis com que seus apaniguados abandonam as tentativas de enobrecimento.

Tais qualidades morais negativas, inerentes à condição humana, mostram-se também no caráter de muitos médiuns.

Não se conscientizando estes da gravidade de que o exercício mediúnico se reveste, permanecem, levianos quão insensatos, vinculados às mentes ociosas e vulgares da erraticidade inferior, de onde igualmente procedem...

Podem ser, às vezes, instrumentos de comunicações sérias, aproveitáveis; no entanto, em razão da condição vibratória que lhes decorre da conduta, mais facilmente se deixam influenciar pelos Espíritos portadores de iguais condições evolutivas, com os quais convivem em acentuado comércio psíquico.

Desse modo, constituem a grande mole dos médiuns frívolos e instáveis. Estão sempre em conflito a respeito da legitimidade das comunicações de que se veem objeto, ou, em caso contrário, tombando em terrível fascinação, acreditam-se portadores de missões relevantes, impondo as ideias arbitrárias e heterodoxas de que se tornam irresponsáveis instrumentos.

Incapazes de preservarem o comportamento salutar, perturbam-se com facilidade e transitam pelas vias da instabilidade emocional, a um passo de lamentáveis obsessões ou desequilíbrios mentais outros.

O médium tem deveres para com a faculdade de que é portador. Concessão superior, bem orientada, ela o pode alçar às elevadas faixas do pensamento divino, concedendo-lhe momentos de inigualável empatia e paz. Descuidada, lança-o, por sintonia, aos níveis inferiores, onde enxameiam as perturbações que o atingem inexoravelmente.

Para que logre o êxito no cumprimento do dever que lhe está destinado, o médium não se pode eximir do estudo constante da própria faculdade, assim como da Doutrina Espírita, dedicando-se com unção e seriedade à educação dessas forças que o colocam em afinidade com outras dimensões da vida.

A convivência com pessoas moralmente sadias torna-se-lhe um suporte poderoso para auxiliá-lo na vivência dos postulados nobres, da mesma forma que a dedicação aos ideais do bem dão-lhe credenciais para vibrar em campo mais sutil de aspirações, atraindo a simpatia dos mentores espirituais, sempre interessados no progresso das criaturas.

O exercício metódico e sistemático da mediunidade adestra o seu possuidor para os cometimentos relevantes.

A ideação positiva e otimista plasma-lhe, no campo psíquico e emocional, a área apropriada para o intercâmbio edificante, do qual resultam benefícios para os comunicantes como para o instrumento utilizado, que passa a desfrutar da preferência dos servidores felizes no programa de edificação da Humanidade.

A mediunidade não pode constituir um estigma, conforme a leviandade de pessoas inescrupulosas deixa transparecer amiúde.

Um *sexto sentido* como este possui requisitos especiais que impõem cuidados próprios, como sucede com os outros que tipificam a normalidade humana.

Cabe às pessoas honestamente interessadas em exercer a mediunidade com segurança e seriedade uma introspecção, avaliando o *recurso* de que se encontram depositárias, assumindo com a própria consciência o dever de conduzir de boa mente o ministério, a ele se dedicando com a dignidade que lhe dará sustentação.

Simão Pedro, o discípulo afeiçoado de Jesus, deu exemplo de mediunidade instável, do ponto de vista moral, quando, sob a inspiração da Mente Divina, identificou o Amigo como o Messias esperado e, logo depois, sob a influência de entidades estúrdias, perturbadoras, avassalado por injustificável receio, buscou impedir que o Senhor marchasse a Jerusalém para o holocausto... Mais tarde, sob a injunção da dor e da entrega total, tornou-se o excelente médium do Ressuscitado, levando a mensagem e o exemplo às multidões que o buscaram até o momento do testemunho pessoal.

Judas, que também O amava, não suportou o assédio dos Espíritos perversos, e, apesar de advertido diretamente, traiu e entregou o Benfeitor aos Seus famigerados inimigos... Desesperado pelo arrependimento que o tomou, sem resistências morais para a reabilitação, caiu na obsessão total e fugiu pela porta falsa do suicídio hediondo.

Somente a edificação íntima e a conduta sadia constituem segurança para quem, portador de mediunidade, busque o estudo e a prática consciente da faculdade, elevando-se pelo pensamento, pelas palavras e atos às Esferas da Luz.

XXI
MÉDIUNS EXIBICIONISTAS E PROBLEMÁTICOS

Disposição orgânica, a faculdade mediúnica deve ser canalizada para fins nobres, evitando-se transformá-la em motivo de espetáculo gerador de comoções passageiras.

Facultando o intercâmbio espiritual por meio do perispírito do sensitivo, o silêncio e o recolhimento são condições propiciatórias para a coleta de resultados positivos.

Independente da vontade do seu possuidor, funciona quando acionada pelos Espíritos que a manipulam, sendo, portanto, credora de assistência moral, de modo a atrair agentes dignificadores interessados no progresso geral e no intercâmbio saudável com os homens.

Porque pululam, na erraticidade, os Espíritos, muito cuidado deve ser dedicado à faculdade mediúnica, a fim de que não se torne instrumento útil aos desencarnados inferiores, lutando-se com esmero para não vir a ser presa dos levianos, que facilmente se mancomunam com os obsessores, gerando perturbações graves e enfermidades complexas.

O trato com os Espíritos impõe prudência, elevação moral, equilíbrio emocional em todo aquele que se interesse por colher resultados satisfatórios.

A fé sincera, sem estardalhaço nem afetação, a entrega a Deus, com irrestrita confiança, e ao seu guia espiritual contribuem para uma educação mediúnica exemplar.

O cuidado em torno dos comunicantes, que podem ter sido famosos na Terra, porém destituídos de elevação moral, precata o médium das armadilhas perigosas da obsessão, sempre de fácil ocorrência.

O exibicionismo constitui um dos mais perigosos inimigos do médium, que passa a ser dirigido pelos Espíritos vaidosos e prepotentes que não se desligaram das vanglórias terrenas e, apaixonados, se lhe imantam ao psiquismo, movendo-o a bel-prazer e ridicularizando-o com exotismos e preciosismos do seu agrado, totalmente antinaturais, porém, que o fascinam e comprazem, tornando-se, assim, o médium, presença obrigatória nas reuniões sociais e nos cometimentos frívolos, sob justificativas diversas, dando oportunidade aos seus conflitos e para exibir valores que não possui.

Cercam-se esses médiuns de pessoas igualmente levianas que os bajulam e incensam, fazendo que a vaidade os domine, às vezes sob disfarces de humildade e benemerência longes da realidade.

Vitimados pelas mentes ociosas e cultoras da vaidade no Além, tornam-se intrigantes, apresentando-se como vítimas daqueles que lhes não concedem crédito e afastando-se das pessoas que não convivam com as suas pretensões.

Ser-lhes-ia uma bênção a suspensão ou perda da mediunidade, poupando-os de dissabores futuros e enredos infelizes de que se não liberarão facilmente. Quando tal sucede, teimam em prosseguir no campeonato da insensatez, derrapando em fenômenos automatistas ou mistificações grosseiras, que todos percebem, menos o autofascinado.

Noutras vezes, permanecendo a disposição mediúnica, prosseguem presas dos Espíritos afins, sofrendo as injunções penosas que criaram para si mesmos.

O fenômeno mediúnico experimenta periodicamente interrupção, e médium algum pode, com antecedência, afirmar que produzirá manifestações desta ou daquela natureza, pela simples razão de não ser ele o seu agente.

Quando ocorre semelhante aviso prévio, é de duvidar-se da qualidade moral dos comunicantes e do médium, tendo-se em vista o número de presunçosos, desocupados e mistificadores do Além-túmulo, interessados em labores dessa natureza.

A momentânea interrupção da mediunidade objetiva resultados positivos para o seu portador. Primeiro, demonstrar-lhe que a sua ingerência no fenômeno é passiva; segundo, pôr-lhe à prova a paciência e a perseverança, ensinando-lhe como ser dúctil e submisso à Soberana Vontade de Deus, que determina o que é sempre melhor para as criaturas; terceiro, ensejar-lhe a meditação em torno das lições de que foi objeto.

Não é a mediunidade o meio único para se alcançar a realização espiritual, e aqueles que não são médiuns ostensivos, graças à sua aplicação ao bem, estudos iluminativos, lapidação do caráter e enriquecimento moral, também conseguem alcançar os elevados cumes da perfeição que buscam com acendrado esforço.

A faculdade mediúnica é concedida a determinados indivíduos, porque dela necessitam para o seu desenvolvimento moral e recuperação de compromissos que lhes pesam desfavoravelmente na economia das reencarnações passadas. Não aplicando corretamente os recursos edificantes, mais se complicam, arrostando consequências danosas para eles mesmos.

Igualmente, a mediunidade não constitui sinal de elevação moral ou espiritual, razão pela qual homens nobres não a apresentam expressiva, enquanto outros, inferiores e de má vida, são assinalados por possibilidades largas, em que não se aplicam com o zelo e a dedicação que merecem, sendo esta uma característica natural do seu estado evolutivo ainda inferior.

O bom uso da mediunidade, a convivência psíquica com os Espíritos elevados, as ações caritativas, o estudo dos ensinamentos de que se faz instrumento, as aspirações nobres que cultiva, tornam o indivíduo melhor e capacitam-no ao ingresso na classe dos missionários, graças à conduta relevante e à abnegação que revela na prática do bem.

As tendências morais do médium contribuem fortemente para a qualidade e o tipo das comunicações de que ele se faz intermediário.

No caso dos médiuns exibicionistas, merece seja considerado que os Espíritos fanfarrões que os utilizam encontram neles uma perfeita sintonia de propósitos, desta ou de existências próximas, quando foram motivo de exaltação e vaidade, agora recalcadas, a expandir-se por meio da passividade mediúnica. Com o tempo, passam a acreditar que são merecedores dos fenômenos que lhes acontecem, e que os Espíritos se lhes submetem, atribuindo-se valores que estão distantes de possuir. O orgulho cega-os e as paixões inferiores latentes desvelam-se, tombando-os em formas grosseiras ou sutis de simonia, que passam a exercer, estimulados pelos apaniguados que os cercam, igualmente irresponsáveis.

O médium exibicionista encontra-se em constante perigo sob pressões que procura ignorar e que terminam por macerá-lo. Desperta tardiamente no corpo para a responsabilidade, quando isto ocorre; porquanto o comum é prosseguir na carreira infeliz até o momento da consumpção carnal.

"Assim, pois, médiuns" – escreveu o Espírito Pascal –, "aproveitai dessa faculdade que Deus houve por bem conceder-vos. Tende fé na mansuetude do Mestre; ponde sempre em prática a caridade; não vos canseis jamais de exercitar essa virtude sublime, assim como a tolerância. Estejam sempre as vossas ações de harmonia com a vossa consciência e tereis nisso um meio certo de centuplicardes a vossa felicidade nessa vida passageira e de preparardes para vós mesmos uma existência mil vezes ainda mais suave."

"Que, dentre vós, o médium que não se sinta com forças para perseverar no ensino espírita, se abstenha; porquanto, não fazendo proveitosa a luz que ilumina, será menos escusável do que outro qualquer e terá que expiar a sua cegueira."[2]

---

[2] *O Livro dos Médiuns*, de Allan Kardec. Capítulo XXXI, item XIII. 31. ed. FEB (nota do autor espiritual).

XXII

MÉDIUNS SENSACIONALISTAS

A frase de João Batista: "É necessário que Ele cresça, e que eu diminua"³ tem atualidade no comportamento dos médiuns em todas as épocas, especialmente em nossos dias tumultuados.

À semelhança do *preparador das veredas*, o médium deve diminuir, na razão direta em que o serviço cresça, controlando o personalismo, a fim de que os objetivos a que se entrega assumam o lugar que lhes cabe.

A mediunidade é faculdade amoral, a que os valores éticos do seu *possuidor* oferecem qualificação.

Posta a serviço do sensacionalismo, entorpece os centros de registro e decompõe-se. Igualmente, em razão do uso desgovernado a que vai submetida, passa ao comando de entidades perversas e frívolas, que se comprazem em comprometer o invigilante, levando-o a estados de desequilíbrio como de ridículo, por fim, ao largo do tempo, empurrando-o para perniciosas obsessões.

Entre os gravames que a mediunidade enfrenta, a vaidade e o personalismo do homem adquirem posição de relevo,

---

³João, 3: 30 (nota do autor espiritual).

desviando-o do rumo traçado, conduzindo-o ao sensacionalismo inquietante e consumidor.

Neste caso, o recolhimento, a serenidade e o equilíbrio, que devem caracterizar o comportamento psíquico do médium, cedem lugar à inquietação, à ansiedade, aos movimentos irregulares das atrações externas, passando a sofrer de irritação, de devaneios e da crença de que repentinamente se tornou pessoa especial, irreprochável, não tendo ouvidos para a sensatez nem discernimento para a equidade.

Torna-se absorvido pelos pensamentos da vanglória e, disputado pelos irresponsáveis que lhe incensam o orgulho, é levado à lenta alucinação, que o atira ao abismo da loucura.

A faculdade mediúnica é transitória como outra qualquer, devendo ser preservada mediante o esforço moral do seu possuidor, assim tornando-se simpático aos bons Espíritos, que o inspiram à humildade, à renúncia, à abnegação.

Quando o personalismo sensacionalista domina o psiquismo do homem, naturalmente que o aturde, tornando-se mais grave nos *sensores mediúnicos*, cuja constituição delicada se desarticula ao impacto dos choques vibratórios dos indivíduos desajustados e das massas esfaimadas, insaciadas, sempre à cata de novidades e variações, sem assumirem compromissos dignificantes.

São João Bosco, portador de excelentes faculdades mediúnicas, resguardava-as da curiosidade popular, utilizando-as com discrição nas finalidades superiores.

Santa Brígida, da Suécia, que possuía variadas expressões mediúnicas, mantinha o pudor da humildade ao narrar os fenômenos de que se fazia objeto.

José de Anchieta, médium admirável e curador eficiente, agia com equilíbrio cristão, buscando sempre transferir para Jesus os resultados das suas ações positivas.

São Pedro de Alcântara, virtuoso médium, possuidor de "vários dons", ocultava-os, a fim de servir, apagado, enquanto o Senhor, por seu intermédio, era engrandecido.

Santa Clara de Montefalco procurava não despertar curiosidade para os fenômenos mediúnicos de que era instrumento, atribuindo-os todos à Graça Divina de que se reconhecia sem merecimento.

Os médiuns que cooperaram na Codificação do Espiritismo sensatamente anularam-se, a fim de que a doutrina fixasse nas almas e vidas as bases da Verdade e do Amor como formas para a aquisição dos valores espirituais libertadores.

Todo sensacionalismo altera a face do fato e adultera-lhe o conteúdo. Quando ele se expressa no fenômeno mediúnico, corrompe-o, descaracteriza-o e coloca-o a serviço da frivolidade.

Todos quantos se permitiram, na mediunidade, o engano do sensacionalismo, não obstante as justificações sob as quais se resguardara, desceram as rampas do fracasso, enganados e enganando aqueles que se deixaram fascinar pelos seus espetáculos, nos quais o ridículo passou a figurar.

O tempo, esse lutador incessante, encarrega-se de aferir os valores e demonstrar que a "árvore que o Pai não plantou" termina por ser arrancada.

Quando tais aficionados da mediunidade bulhenta se derem conta do erro, caso isto venha a acontecer, na Terra, possivelmente o caminho de retorno à sensatez estará muito longo e o sacrifício por percorrê-lo os desencorajará.

Diante do sensacionalismo mediúnico, recordemo-nos de Jesus, que, após os admiráveis fenômenos de socorro às massas, jamais aceitava o aplauso, as homenagens e gratulações dos beneficiários, recolhendo-se à solidão, para, no silêncio, orar, louvando e agradecendo ao Pai, a Eterna Fonte Geradora do Bem.

XXIII

MEDIUNIDADE E JESUS

A mediunidade é, em si mesma, uma faculdade que possibilita o intercâmbio consciente ou não com os Espíritos, quer estes se encontrem domiciliados no corpo físico ou fora dele, além da morte orgânica.

Neutra, do ponto de vista filosófico e religioso, tem sido utilizada por meio da História para os fins que lhe destinam os grupos sociais nos quais se apresenta.

Inata à natureza humana, contribui para demonstrar com segurança a transitoriedade da organização biológica, ao mesmo tempo em que favorece a indiscutível realidade da Vida Imortal.

A sua utilização assinala-a com bênçãos ou desalinhos, de acordo com a conduta do medianeiro, bem como daqueles entre os quais este se movimenta.

Expressa-se, automaticamente, despertando curiosidade, chamando a atenção, impondo, no entanto, um comportamento saudável, a fim de oferecer resultados proveitosos.

Descuidada, torna-se veículo de sofrimento; utilizada em espetáculos, concorre para o desequilíbrio e o ridículo; vendida, tomba nos perigosos meandros da mentira a serviço da irresponsabilidade; posta em favor do bem, converte-se em portal de luz, abrindo espaços libertadores para os homens e os Espíritos.

De acordo com a conduta moral do médium, atrai entidades equivalentes que a manipulam, dando curso ao caráter que possuem, tornando-a fator de alegria ou de tormento.

Essencialmente, deve destinar-se à obra de consolação das criaturas, demonstrando-lhes a sobrevivência ao túmulo e reconfortando, também, aqueles que o atravessaram com desaviso, tormento e loucura.

Os desvios morais entorpecem-na; as paixões primitivas embrutecem-na; as ambições vulgares conspurcam-na; os interesses egoístas ensoberbecem-na, condenando-a a distonias físicas e psíquicas irrecuperáveis.

Não pode ser aplicada como *meio de vida*, porém como instrumento de relevantes valores para a vida.

Nos últimos tempos, poderemos identificá-la em situações diferentes, ora constrangedoras, ora grandiosas, conforme a finalidade a que a destinaram os seus portadores.

Daniel D. Home, passeando-a pelas cortes europeias e deixando-se examinar por pesquisadores honrados, fez-se "o príncipe dos médiuns" e, vitimado pela vaidade, tornou-se objeto de escárnio dos seus opositores, quanto da bajulação insensata dos seus admiradores. Não obstante, após a desencarnação, não deixou mais que os resultados de estudos, controvérsias, sem um lastro de consolação de vidas carentes, que se estertoravam ao seu lado, embora jamais surpreendido em fraude.

Eva Carrière, especialmente estudada pelo emérito Professor Richet, não conseguiu convencer substancialmente o insistente e cuidadoso investigador. Analisada por outros exigentes pesquisadores, não teve o ensejo de erguer vidas do caos por meio das possibilidades mediúnicas que lhe eram inerentes.

Os irmãos Davenport, apresentando-se em espetáculos públicos, deixaram marcas perturbadoras das suas exibições, facultando críticas ácidas e celeumas desagradáveis.

Antes deles, as irmãs Fox, que se notabilizaram graças aos fenômenos em Hydesville, aturdidas nos matrimônios infelizes, apresentaram declarações de fraude, e, arrependidas, buscando reparar a leviandade, caíram em descrédito geral.

Esses e muitos outros atenderam ao serviço da mediunidade vã, conforme os padrões do mundo, esquecidos das suas finalidades nobres.

A excelente senhora Eleonora Piper, cuidadosa e interessada na verdade, converteu inúmeras personalidades de dois continentes, contribuindo dignamente para estabelecer fundamentos na fé imortalista.

Edgar Cayce, entregando-se confiante aos seus guias espirituais e dedicando-se ao atendimento dos males do corpo, da mente e da alma, confirmou a imortalidade do ser e conduziu à saúde, à esperança e à paz milhares de pessoas antes desesperadas.

A senhora d'Esperánce, igualmente fiel ao mandato mediúnico, ofereceu provas extraordinárias da sobrevivência, sensibilizando todos quantos participaram das experiências a que foi submetida.

A relação daqueles que se fizeram missionários do bem em favor do seu próximo é longa, entregando-se à atividade mediúnica sob rígido controle moral e cristão.

Iluminando a consciência do médium e aplainando-lhe o caráter, a Doutrina Espírita propõe o exercício da faculdade em favor de metas relevantes, nas quais o sacrifício, a abnegação e a caridade do servidor se tornam indispensáveis para o êxito do empreendimento.

Esta conduta é a da mediunidade com Jesus – Protótipo do intercâmbio superior com Deus em favor da Humanidade – por meio de cujo exercício adquire as características essenciais para o seu superior desiderato, auxiliando os homens, encarnados ou desencarnados, a trilharem pela senda renovadora.

Considerando-se a multidão de inditosos a pulularem na erraticidade inferior, o médium consciente e responsável deve brindar-se à tarefa da enfermagem espiritual, em favor do seu próximo, contribuindo para que este seja esclarecido e guiado ao reequilíbrio, dando curso ao impositivo da caridade, desta forma evitando-se as quedas desastrosas no abismo em que tombam os insensatos, os presunçosos, os irrequietos e invigilantes que, em se utilizando da mediunidade em favor da ambição, recebem o efeito da própria escolha.

XXIV

CALVÁRIO DOS MÉDIUNS

Envolta em auréola mítica por largos séculos, a mediunidade tem sido confundida na sua realidade paranormal, transitando do estado de graça à condição de demonopatia ou degeneração psicológica da natureza humana.

Homenageada em alguns períodos da História, noutros detestada e perseguida com dureza, ainda permanece ignorada pela presunção de uns, pela ignorância de outros, pelos preconceitos que teimosamente se demoram, dominadores, no organismo sociocultural dos nossos dias.

Allan Kardec foi o corajoso investigador que lhe penetrou as causas e estudou-a à saciedade, estabelecendo critérios justos de avaliação e técnicas próprias para a sua compreensão, análise e desdobramento de suas possibilidades psíquicas. As suas inquirições abrem espaços científicos e culturais para um conhecimento lógico dessa faculdade, desvestindo-a de todas as superstições, fantasias e acusações de que tem sido vítima.

Mediante linguagem clara e fácil ao entendimento de todos, examinou a mediunidade sob os pontos de vista orgânico, psicológico, psiquiátrico e sociológico, concluindo pela sua legitimidade e amplos recursos para a perfeita integração do homem na harmonia da Natureza, estabelecendo diretrizes morais para o seu exercício e regras comportamentais para a sua demonstração científica, elaborando um tratado extraordinário, que permanece o mais completo a respeito da paranormalidade humana, o insuperável *O Livro dos Médiuns*.

Apesar disso, a mediunidade e os médiuns prosseguem como motivo de surpresa, admiração e sarcasmo, conforme o meio social onde se apresentem.

Utilizados, invariavelmente, para futilidades e divertimentos, sofrem o barateamento da ingerência de pessoas astutas, porém, desinformadas, que pretendem conduzi-los a proveito próprio ou para exibição em espetáculos que se caracterizam pelo ridículo decorrente da ignorância de que são portadores.

Chamam a atenção pelo exibicionismo vulgar e logo desaparecem, quais cometas que passam com celeridade, sem maior benefício para o zimbório por onde deambulam, errantes.

A mediunidade, exercida com elevação de propósitos, séria e digna, tem sofrido a incompreensão e a agressividade daqueles que gostariam de utilizá-la nos jogos da ilusão e do prazer. Por consequência, os médiuns sinceros e honestos, de conduta moral incorruptível, pagam alto preço pela vida moral a que se entregam e por se fazerem dóceis às orientações dos seus guias espirituais, que não convivem com ideias, discussões estéreis, rivalidades de indivíduos, grupos, nem sociedades que se entregam ao campeonato da vaidade.

Atacados nos próprios *arraiais* do movimento no qual laboram, são levados à praça pública do ridículo por companheiros apressados, sem nenhuma folha de serviço apresentada à Causa Espírita, mas hábeis nos aranzéis da agressão, escrevendo ou falando por mecanismo de transferência psicológica, atirando no trabalhador o que se encontra neles próprios e descarregando a mal disfarçada inveja que os leva a competir, às vezes, inconvenientemente, quando deveriam compartir e participar do serviço de iluminação de consciências ao qual ele se entrega.

Sucede que se encontram teleguiados por mentes insanas, que sempre combateram e perseguiram os instrumentos das *Vozes* lúcidas do Além-túmulo, que vêm despertar os homens e adverti-los das ciladas preparadas por esses adversários desencarnados, incansáveis nos seus malfadados programas de perturbação e crimes, obsessão e loucura...

Além desses, que medram com exuberância, nos dias atuais, a dureza dos descrentes e gozadores sempre está disposta a agredir os médiuns e acusá-los de serem portadores de desequilíbrios da mente, do sexo, da conduta, por serem *diferentes*, isto é, por adotarem um comportamento saudável, que aqueles têm como incompatível com os dias de luxúria e abuso de toda natureza ora vigentes.

Outros perseguidores ainda repontam em pessoas que procuram depender emocionalmente do amigo da mediunidade, e que, contrariadas por este ou aquele verdadeiro ou falso motivo, levantam-se para infligir maior soma de sofrimentos em quem sempre lhes aturou a preguiça mental, as irregularidades morais com paciência, brindando-lhes palavras amigas e consoladoras...

Já não se apedrejam, nem se encarceram ou conduzem à fogueira os médiuns. Todavia, a maledicência e a acrimônia, a crítica sistemática e as exigências de consultas largas, quão inócuas, constituem prova e martírio para os instrumentos abnegados que se entregam ao ministério com unção.

Além do círculo de ferro exterior que os comprime, a sua condição humana exige-lhes muitas renúncias silenciosas, que os amigos fingem não ver, por considerarem que a mediunidade, segundo alguns, é privilégio que libera o seu portador das aflições e processos de evolução pela dor.

Carregando todos os problemas inerentes à sua situação evolutiva, remuneram a alto preço a existência, em holocaustos admiráveis e perseverantes no bem, que os credenciam a receberem maior assistência e amor dos seus Amigos espirituais.

Por fim, sofrem o assédio das entidades inimigas do progresso da Humanidade – e dos seus próprios adversários espirituais – que os não perdoam pela tarefa que desempenham em favor de si mesmos e das demais criaturas.

O calvário dos médiuns é oculto e deve ser vivido com dignidade, sem queixas ou reclamações, pois que é também o pórtico da ressurreição gloriosa, de onde se alarão às regiões felizes, após cumpridas as tarefas de amor e esclarecimento, de caridade e perdão para as quais reencarnaram.

Têm por Modelo Jesus, que lhes permanece como o Conquistador Inconquistado que, morrendo por amor, distribui vida para todos aqueles que O buscam e creem, servem e passam, rumando na direção da imortalidade.

XXV

MÉDIUNS SEGUROS

O esforço constante desenvolvido pelo médium para domar as suas más inclinações e vencer os impulsos negativos credencia-o à simpatia dos bons Espíritos, que nele veem um instrumento útil para os objetivos elevados do bem.

Esse esforço, que não deve cessar, aprimora-lhe o caráter e trabalha-lhe a vontade, que se dirige para o exercício das virtudes, superando as tendências perniciosas que remanescem do passado espiritual de onde todos procedemos.

Com a disposição de afeiçoar-se à lavoura do progresso moral, aplaina as anfractuosidades do temperamento e elege a abnegação, o amor e a caridade como recursos de que se utilizará nas várias conjunturas do caminho, melhorando-se sempre.

Ao mesmo tempo, o gosto pelo estudo dá-lhe amplitude de discernimento para valorizar a vida e distinguir com acerto o que é ou não proveitoso para o seu desenvolvimento, ao mesmo tempo identificando a qualidade das comunicações de que se faz objeto, ascendendo, no campo vibratório, às faixas superiores do pensamento.

Toma como diretriz para o equilíbrio pessoal, ao lado da conduta digna, a oração e o recolhimento que fortalecem as energias, amparando a área das percepções psíquicas, que ficam resguardadas das más influenciações.

Não lhe será necessário o isolamento nem a fuga do mundo, a pretexto injustificável de buscar o silêncio e as condições propiciatórias para o ministério.

Lugar algum pode proporcionar esses valores, além do caráter físico de que se revestem. Isto porque, aonde o indivíduo vai, leva consigo a sua individualidade, não se podendo evadir dos hábitos, das construções mentais e aspirações que lhe sejam particularmente apetecíveis.

Desse modo, o silêncio interior, que decorre da paz de consciência, é mais importante do que o originado na exclusiva estesia da Natureza.

Outrossim, a oração sem palavras, resultado da natural ligação mental com as Fontes do Bem, faculta uma absorção de *ondas* estimuladoras, que ativam o sistema nervoso central do sensitivo e encorajam-lhe os sentimentos, em razão do conteúdo mental de que se fazem portadoras.

O médium seguro é uma pessoa aparentemente comum, no entanto, em se tratando de um paranormal, possui uma constituição que lhe possibilita a captação do psiquismo dos Espíritos, bem como das suas energias, sendo, portanto, necessário impor-se um comportamento compatível com a sua realidade.

Tendendo, a faculdade mediúnica, a ampliar o seu setor de ação, o bom servidor vigia-lhe o desdobramento, a fim de acompanhá-la, permanecendo em perfeita identificação de atividade, de modo a canalizar-lhe todos os recursos para os relevantes fins morais e espirituais que lhe devem constituir meta inamovível.

Não faltam escolhos no caminho de todos os homens, especialmente no daqueles que se entregam aos ideais do progresso humano.

No que tange aos impedimentos que surgem para dificultar o êxito dos médiuns seguros, ei-los que se multiplicam, desafortunadamente, em decorrência dos seus próprios erros, como também da maldade dos Espíritos imperfeitos e perversos que lhes invejam a tarefa ou a detestam, por se sentirem prejudicados nos propósitos e ações infelizes que se permitem, voltando-se, portanto, contra aqueles que supõem constituir-lhes estorvo.

O médium seguro é, pois, aquele por quem se comunicam os bons Espíritos, inspirando confiança em razão da sua vida de altruísmo e abnegação, de serviço ao bem, de fé e de caridade, não estando exposto à leviandade, nem à influenciação das más entidades, mantendo-se sempre sereno e correto nos momentos de júbilo como de provação, em face à confiança que deposita em Deus e à consciência que possui em torno da sabedoria das Suas leis, submetendo-se à Sua vontade como servidor que cumpre airosamente com o seu dever em qualquer circunstância.

Não se deixando iludir pela lisonja dos amigos invigilantes, nem pela perturbação dos adversários gratuitos, e, muito menos, pelas rudes interferências dos desencarnados em desequilíbrio, avança, sem pressa, confiando no resultado da boa sementeira, com os olhos postos no futuro, enquanto, no presente, age com sinceridade e constância.

Nele se desenvolvem várias especialidades, destacando--se uma ou outra que lhe pode ser mais útil, permanecendo, as demais, como auxiliares indispensáveis para a boa realização da tarefa a executar.

Em se caracterizando os requisitos do médium seguro, a humildade real, sem a dissimulação que a si mesma se engana, com espontânea manifestação de simplicidade, é relevante. Não é necessário que se esteja a decantá-la e a apresentá-la, escamoteando o orgulho e a presunção ainda predominantes em sua natureza. Ela não dispensa a autenticidade moral, o reconhecimento do próprio valor... A humildade é como a luz. Onde se encontra, brilha sem delongas, nem disfarces. É natural e autêntica.

São João Crisóstomo afirmava que, ao escrever a interpretação das *cartas paulinas*, o Apóstolo dos Gentios as ditava aos seus ouvidos.

São Gregório, o Apóstolo de Neocesareia, informava que João Evangelista aparecera-lhe, apresentando "o símbolo da fé pregado por ele na sua igreja".

Santo Tomás de Aquino mantinha constante intercâmbio com os Espíritos que o informavam da vida na Erraticidade.

A senhora d'Espérance produziu extraordinários fenômenos mediúnicos jamais contestados.

Médiuns seguros sempre se destacaram na história da Humanidade, sendo, hoje, mais fácil detectá-los e torná-los dignos de fé, graças à Doutrina Espírita que lhes é o guia de conduta inigualável e de apoio incomum.

XXVI
MÉDIUNS RESPONSÁVEIS

A mediunidade consciente, responsavelmente exercida, pode desempenhar um relevante papel, educativo e esclarecedor, entre as criaturas humanas.

Desvelando a face oculta da realidade espiritual e demonstrando que o homem é o semeador e o ceifeiro dos próprios atos, abre espaços culturais e mentais para uma existência feliz no domicílio carnal.

Nesse desiderato, cabe aos médiuns uma tarefa de magnitude, por serem eles os *modernos profetas*, por cuja organização física se dão as ocorrências, chamando a atenção dos inconscientes para a realidade do Espírito e favorecendo com a crença racional aos que duvidam ou possuem um comportamento céptico em relação à imortalidade.

Como qualquer outro ministério, a vivência mediúnica saudável, responsável, impõe conduta segura ao homem que lhe assume o compromisso.

Não é importante que a notoriedade lhe acompanhe os passos ou lhe exorne a personalidade. Pelo contrário, o labor anônimo favorece as possibilidades de êxito com mais rapidez e segurança do que o brilho ofuscante da popularidade, que asfixia e entorpece as melhores expressões da abnegação humana.

Calçando as sandálias da humildade, em atitude lúcida, que informa ser apenas um instrumento e não o autor dos fenômenos, o médium se acautela dos vapores alucinantes do orgulho que envilece, como do bafio da presunção que o leva às mistificações, quando as manifestações autênticas escasseiam.

O médium responsável resguarda-se na prudência e zela pela faculdade, evitando-lhe os choques vibratórios que partem da curiosidade malsã, quando em exibição desnecessária e sob o incenso da vacuidade.

Carl Gustav Jung relata que, febril, vitimado por um processo de enfermidade do fígado, foi impelido a escrever a sua *Resposta a Jó* com celeridade, num total de cerca de cem páginas datilografadas, como "se um Espírito que nos agarra pela nuca" o atasse e comandasse, até o momento em que, concluindo, ficou curado.[4]

Certamente atribuiu o fenômeno a uma ação arquetípica do inconsciente coletivo, "impelido por emoções subjetivas", ele que não tomou conhecimento da Doutrina Espírita.

São João Crisóstomo, no entanto, lúcido, interpretando as epístolas de Paulo, era visto por outros monges, aureolado de peregrina luz, enquanto as escrevia.

Dante apareceu em sonho ao filho Jacobo, conforme narrou Boccacio, e mostrou-lhe o lugar onde guardava os *Cantos do Céu*, completando a sua *Divina Comédia*, na residência em que desencarnara, e ali foram encontrados.

O fenômeno consciente e a atitude responsável dos médiuns contribuíram, no passado, para fornecer as evidên-

---
[4]Carta de julho de 1951 (nota do autor espiritual).

cias da sobrevivência da alma, sem haverem recebido ônus outros de natureza material, que os faria incidir, embora inconscientemente, na simonia ocasional, fulgurando nos palcos transitórios do mundo, para desaparecerem depois.

Fernando de Lacerda demonstrou a comunicação dos mortos com os vivos, e, vítima de escárnio, permaneceu consciente, responsável, no dever abraçado.

Frederico Júnior fez-se instrumento de entidades venerandas, e continuou modesto no serviço de iluminação cristã.

Yvonne Pereira trabalhou silenciosamente, atendendo aos Espíritos sofredores, e tornou-se extraordinário veículo de revelações do Além-túmulo, sem permitir-se picar pela *mosca azul* da presunção.

Zilda Gama, após um labor relevante, na mediunidade responsável, desencarnou idosa e quase esquecida do público beneficiado pelos seus livros de consolo e beleza espiritual.

Os médiuns responsáveis são conhecidos pelos seus silêncios e equilíbrio.

Não têm pressa em ganhar a fama, nem dela necessitam.

Trabalham por um ideal que não remunera no mundo das formas.

Vanguardeiros de uma sociedade justa, que virá, no futuro, instam no bem e apagam-se no conforto aos que sofrem, *gastando-se* na ação da caridade, ao invés de ascenderem e repousarem na galeria brilhante das pessoas de relevo da sociedade.

Incompreendidos, são êmulos de Jesus, que passou pelo mundo amando, servindo, e, injustiçado, até hoje não encontrou lugar no coração dos homens.

XXVII
MÉDIUNS PROFETAS

Na área da paranormalidade humana, muitos sensitivos, por si mesmos, podem detectar ocorrências que se programam para o futuro.

O próprio psiquismo, irradiando-se, capta fenômenos que as Leis Soberanas estabelecem para o porvir, como consequência natural dos comportamentos individuais e coletivos, sociais e técnicos da Humanidade.

Sendo o tempo um fenômeno de transitória expressão, variando de acordo com a dimensão do espaço no qual se expande, em sua relatividade, apresenta-se em condições a que damos denominações que se tornam meios de identificá-lo, quando, em realidade, só o há na faixa de um eterno presente, que se transmuda em passado e futuro por necessidade de entendimento das suas manipulações.

Sendo a *mente*, da mesma forma, exteriorização do Espírito imortal, a expressar-se nas múltiplas reencarnações, nos revestimentos cerebrais, é natural que pessoas mais sensíveis, portanto, dotadas, consigam alcançar as dimensões do futuro como as do passado.

No que tange à precognição ou profetismo, tornam-se comuns os registros dos fatos mais penosos e trágicos, por consequência, aqueles que provocam pavor, desafiando o clima emocional das criaturas em relação aos dias porvindouros.

No campo da mediunidade ocorre de maneira diversa a captação profética. Graças à sensibilidade específica para a comunicação com outras mentes ora desencarnadas, estes Espíritos, conhecendo relativamente parte dos quadros morais, sociais e humanos que sucederão naturalmente aos contemporâneos, inspiram, mediante símbolos, ou informam, por meio de incorporações, aos seus tutelados, deixando suas impressões a respeito do amanhã, sujeitas, porém, a alterações, adaptações e sincronizações compreensíveis, em se considerando o livre-arbítrio de cada qual, que é fator preponderante para a eleição do caminho a seguir, do que decorrerão tais ou quais efeitos.

O homem está, a cada momento, alterando o próprio futuro, de conformidade com o procedimento que elege para o seu cotidiano.

Da mesma forma, as comunidades renovam ou agravam os seus dias porvindouros, em face das atitudes assumidas perante os impositivos em que se veem colocadas.

Gerando reações equivalentes, as ações organizam os quadros do futuro conforme os impulsos que são impressos nas vidas que lhes constituem os objetivos essenciais.

Num, como no outro exemplo, isto é, como decorrência da penetração no tempo pela mente ou por meio da informação espiritual, que também ocorre na faixa da paranormalidade anímica, a percepção da tragédia tem primazia.

Estando o homem moderno a sofrer ainda os atavismos que o vinculam às faixas mais primárias da evolução, não vem produzindo tudo quanto lhe brindaria com felicidade e plenitude sem o contributo do sofrimento.

Havendo predominância dos instintos agressivos, ao invés da razão edificante, as suas têm sido atividades belicosas, egoístas, que desenvolvem reações inditosas. E porque o planeta que habita da mesma forma se encontra em transição, os fenômenos sísmicos inerentes à sua constituição prenunciam abalos e irrupções, ajustamentos de camadas e transformações inevitáveis, que precedem à sua estrutura própria para servir de *habitat* a outro tipo de civilização mais ditosa, sem agressividade nem primitivismo.

Por estas razões, mesmo Jesus, no incomparável "Sermão profético", que os evangelistas registraram, bem como João, no *Apocalipse*, apresentam os anúncios dolorosos e apavorantes, caso as criaturas não se resolvam por uma radical mudança de conduta para o amor e o bem, que possuem outros recursos propiciatórios para as grandes transformações que hão de suceder, porém, neste último caso, sem o guante das aflições, algumas das quais desencadeadas pela imprudência e impulsividade humanas...

O médium profeta *deve* se cuidar para não transmitir notícias de calamidades e amarguras, *filtrando* o conteúdo dos registros psíquicos ou mediúnicos, evitando espalhar o terror, o desequilíbrio, tão em moda nos dias atuais.

Convidados ao ministério da edificação do "Reino de Deus", os médiuns devem estimular as realizações libertadoras e nobres, contribuindo para que se modifiquem, desde agora, as paisagens tumultuadas e sombrias que se desenham para o futuro, colocando a claridade do Evangelho e do Cristo como esperança que se tornará realidade inevitável.

XXVIII
MÉDIUNS CURADORES

Dentre as abençoadas faculdades medianímicas postas a serviço da fraternidade humana e do bem, a de natureza curadora reveste-se de recursos preciosos para, em nome do Terapeuta Divino, socorrer as criaturas em carência de saúde e sob tormentos variados.

Predisposição orgânica especial em determinados indivíduos, irradiam-se as energias benéficas de forma consciente ou não, com ou sem a manipulação dos bons Espíritos.

Genericamente programados para a ação da caridade, esses médiuns reencarnam sob a assistência de abnegados mentores, que os conduzem à prática da terapia de amor, canalizando-lhes as forças de modo a alcançarem a finalidade para a qual foram elaboradas.

Porque o homem nunca está a sós, vivendo sempre acompanhado por entidades que lhe correspondem aos climas mental e moral, no caso dos médiuns curadores, os Espíritos interessados no progresso e na felicidade dos homens trabalham-lhes a personalidade e buscam orientá-los com carinho, a fim de que o seu ministério logre êxito.

O resultado da atividade dependerá da forma como o médium se conduza, com elevação e ductibilidade ou com irresponsabilidade e paixão dissolvente.

Porque nada lhe custa, sob pretexto algum deve a mediunidade curadora ser mercantilizada, sem que ocorra a incidência no gravame da simonia, que enreda o Espírito em terrível cipoal de aflições para o próprio futuro.

Não se fazem precisas fórmulas sacramentais, gestos cabalísticos, cerimoniais, indumentárias especiais, objeto algum de natureza material para que se colimem os resultados favoráveis na ação curativa.

Irradia-se saudável a bioenergia do médium, ainda mais benéfica quando comandada pelos Espíritos nobres, que conhecem as necessidades dos pacientes, atendendo os núcleos orgânicos em deficiência ou revitalizando os centros vitais geradores da harmonia celular e psíquica.

À medida que o intermediário desenvolve a capacidade de amar e de servir, distribuindo o *magnetismo curativo*, mais revigorado este se sente, porquanto, "mais se dá àquele que mais dá", conforme a recomendação de Jesus.

A conduta sadia, que decorre de uma vida moral equilibrada, faculta mais poderoso intercâmbio de energias propiciadoras da saúde.

Por sua vez, o médium que ora e se enriquece de valores espirituais mais desenvolve a aptidão inata, ampliando o seu campo vibratório, aumentando o vigor da energia que canaliza para a saúde, tornando-se um dínamo valioso para o bem geral.

Um olhar, um toque, sua presença bastam para que os núcleos potencializados transmitam as forças curativas, favorecendo as pessoas em carência e renovando-as.

Narram os *Atos dos Apóstolos* que as pessoas traziam os enfermos e os colocavam à borda dos caminhos por onde passariam Pedro e João, a fim de que as suas sombras, caindo sobre eles, os curassem...

O mau uso envenena as faculdades, que passam a campo deletério explorado pelas entidades viciosas e perversas.

A aplicação digna dos recursos propicia paz interior e desenvolve os sentimentos de amor, ampliando os horizontes da fraternidade humana.

Essa mediunidade curadora, de que tanto se utilizou o Mestre a fim de atender à massa, da qual se compadecia, está ao alcance de todos aqueles que, treinando a aplicação dos passes, desenvolverão as possibilidades bioenergéticas para o saudável intercâmbio de forças entre os homens, favorecendo os sofredores com a esperança, a saúde e a paz.

XXIX

MÉDIUNS ILUMINADOS

Frequentemente, Espíritos enobrecidos se reencarnam com elevados compromissos na área da mediunidade sublimada.

Caracterizam-se pela consciência que têm das tarefas a desempenhar, envidando todos os esforços até ao sacrifício, para que o tentame se coroe de êxito.

Iniciam o ministério após sofrimentos acerbos, nos quais refletem a excelência do caráter moral por meio da paciência e da resignação, jamais se rebelando contra as aparentes adversidades que os surpreendem, moldando-lhes a conduta, de forma a serem conduzidos ao desempenho das altas responsabilidades que lhes cumprem assumir.

Assinalados, no começo, por enfermidades rudes, ou padecendo infortúnios morais e econômicos, experimentam o ardor das provações rigorosas, mediante as quais se desinteressam pelas coisas exteriores do mundo das ilusões, conduzidos ao estreito corredor do silêncio e da solidão, no qual consolidam as disposições para o serviço a que se comprometeram antes do berço.

A humildade assinala-lhes o passo, enquanto a incompreensão dos seus coetâneos segue-lhes empós, humilhando-os e desafiando-os sem cansaço.

Sem pouso nos largos prados da alegria fugaz e não dispondo dos ambientes do gozo, dirigem-se pela senda escura que todos desprezam, deixando, ali, sinais luminosos da sua passagem, alargando-a e aplainando-a para a posteridade.

Sem lugar no mundo dos triunfos externos, encontram na atividade psíquica e na vida íntima as fortunas que lhes propiciam bem-estar e autorrealização, com os quais se equipam e fortalecem para os futuros desempenhos.

Não encontram facilidades, e, por isso, mais nobre se lhes torna o dever.

Em todas as épocas, eles foram semelhantes a astros lucilantes em noite escura, convidando a Humanidade ao crescimento, à ascensão, a Deus.

Passaram pela História em todas as áreas do conhecimento, especialmente na condição de reveladores da verdade, fazendo-se mensageiros da Espiritualidade de onde procediam, para oferecerem às criaturas obscurecidas na treva da ignorância os recursos para se firmarem na crença, assegurando-se da realidade *post-mortem*.

Nos diversos círculos da fé, nos tempos passados, suas vozes consagraram a imortalidade, e os ensinamentos de que se tornaram instrumento constituíram os fundamentos das variadas religiões.

Moisés, ante o Faraó aturdido, ou no Sinai, recebendo o Decálogo, era o médium iluminado para conduzir o povo hebreu à "terra da promissão".

Os profetas, encarregados de manter a flama da fé acesa nas mentes, transformaram-se nas *pontes vivas* do Mundo excelso, ajudando os povos em aflição.

Em todas as culturas, manifestaram, esses instrumentos da Esfera maior, o Amor de Deus, socorrendo e iluminando a ignorância humana.

São Francisco de Assis reergueu a Igreja moral em contato com Jesus.

Santa Teresa de Ávila, São Pedro de Alcântara e São João da Cruz iluminaram o século em que viveram, diminuindo o horror da noite medieval que se encerrava.

Santa Brígida, da Suécia, e Santa Catarina, de Siena, alteraram fortemente a conduta da Igreja Romana e do papado, em razão das mensagens de que foram objeto.

Santa Joana d'Arc mudou o curso da história da França guiada pelas suas *vozes*.

Santo Antônio de Pádua expulsava os Espíritos perturbados do monastério com exortações austeras e pregava sob influência superior.

Swedenborg e Edgar Cayce ofereceram contribuições valiosas, no campo da revelação como das curas e premonições, que ainda sensibilizam os estudiosos dos fenômenos paranormais...

Todos eles, de alguma forma, foram alcançados pelo martírio com que se consagraram no devotamento ao bem e ao Amor.

Nunca tergiversaram ante a rudeza da luta ou jamais temeram, fiéis à realização em que se empenhavam.

Compenetrados pela missão que deveriam executar, a ela se entregaram totalmente, sem deixar espaço para quaisquer outros labores secundários.

Somente assim lograram o triunfo que o mundo apenas identificaria posteriormente.

Todavia, existem inúmeros médiuns outros iluminados, no anonimato, sem o aplauso das multidões, realizando serviços de consolação e socorro em toda a Terra, a fim de que brilhe a Grande Luz da Esperança, embora a terrível sombra que parece dominar.

O médium iluminado serve e passa, não tendo tempo para a remuneração do reconhecimento, nem da ostentação.

Tem como modelo Jesus Cristo, que recebeu como homenagem que Seus contemporâneos lhe brindaram após todos os benefícios recebidos foi a crucificação no madeiro vergonhoso, que Ele transformou em símbolo de vitória característico da Vida.

XXX
MEDIUNATO

Todo aquele que consegue exercer a mediunidade com elevação, engrandecendo-se e alçando-a aos nobres cimos da vida, no cumprimento da gloriosa missão de ser instrumento do Divino Pensamento, alcança, na Terra, a excelência do mediunato.

Dever de grande abrangência, a sua desincumbência revela-se difícil pelos impositivos de que se reveste, pelos sacrifícios que impõe e pelas dificuldades a superar.

Poucos discípulos da verdade se hão entregado com a necessária abnegação, graças à qual, ao longo do tempo, o homem se doa em Espírito de serviço à Humanidade, com tal renúncia de si mesmo, que ultrapassa a sua condição para lograr o apostolado mediúnico, o mediunato.

A princípio, são os fortes apelos para a edificação pessoal, a plenitude psíquica e emocional, acalmando as necessidades materiais e superando as fraquezas delas decorrentes, para depois, experimentando as superiores satisfações do Espírito, imolar-se por amor, na execução das atividades a que se sente convocado.

Nesse caminho atulhado de pedrouços, os desafios se sucedem, ameaçadores, ao mesmo tempo ferindo e macerando os audaciosos transeuntes que põem os olhos nas metas à frente e buscam alcançá-las. Não se trata de um empreendimento fácil ou de curto prazo, antes, de uma realização prolongada, na qual são enfrentados os perigos que procedem da inferioridade que teima em permanecer dominadora.

Definido o rumo e aceito o compromisso, torna-se mais factível a vitória, ganhando-se, dia a dia, o espaço que medeia entre a aspiração e o objetivo.

Zoroastro, o grande reformador, nascido na Média, não descansou enquanto não concluiu a missão para a qual reencarnou.

Buda, o *Sábio* e *Solitário dos Sákias*, entregou-se com total renúncia ao ministério de reformar a religião adulterada pelo formalismo brâmane, e, não se detendo diante dos impedimentos que o afligiam, permaneceu fiel até o momento final.

Pitágoras, inspirado pelos Espíritos, colocou-se a serviço da verdade, tornando-se responsável pela descoberta das matemáticas, geométricas e astronômicas, deixando um rastro luminoso na História.

Sócrates e Moisés, Isaías e Daniel, entre outros, foram exemplos de missionários que, no mediunato, atingiram as mais elevadas expressões do intercâmbio espiritual em favor da Humanidade.

Posteriormente, João Batista e João Evangelista se fizeram expoentes da mediunidade gloriosa, demonstrando o poder da imortalidade sobre as vicissitudes humanas.

Acima, porém, de todos eles, Jesus Cristo fez-se o Médium de Deus, e tornou-se insuperável como Fonte Inspiradora para os homens de todos os séculos.

Perseguido e macerado, sob injunções dolorosas, mais se ligava ao Pai, em Quem hauria forças para o Messianato a que se ofereceu, preferindo a coroa do martírio à falaciosa grandeza terrena.

Depois d'Ele, outros servidores da Sua Seara, profundamente vinculados à vida espiritual e aos desencarnados com os quais confabulavam, exerceram o mediunato de forma eloquente, imolando-se todos por amor ao bem geral e certos da vitória final sobre as fugazes condições terrenas.

Com o Espiritismo, o exercício do mediunato tornou-se mais acessível, em se considerando as diamantinas claridades que projeta nos emaranhados e sombrios *mistérios da vida*, especialmente sobre a realidade do Além-túmulo, onde nascem as estruturas do ser e se encontram a sua origem e o seu destino final.

Trazendo de volta, à atualidade, o profetismo hebreu e helênico, os fenômenos que constituíram a glória das civilizações passadas, deu-lhes um sentido novo, perfeitamente concorde com as conquistas do hodierno conhecimento, de modo a impulsionar o homem em direção do autodescobrimento e da razão pela qual se encontra no mundo físico.

Em uma ligeira análise, explicam-se, à luz da Revelação Espírita, a inspiração de Homero, cujos *Cantos* procediam de ignotas e nobres regiões espirituais.

De Virgílio, sintonizando com as entidades elevadas, e sendo também considerado profeta.

De Dante, que demonstrou possuir superiores faculdades mediúnicas, graças às quais manteve permanente contato com os Espíritos.

De Torquato Tasso, que, em contínuo intercâmbio espiritual e inspirado por Ariosto, aos dezoito anos compôs o seu *Renaud*, concluindo a célebre *Jerusalém Libertada*, que é a obra máxima da sua vida extraordinária...

(...) E quantos outros, médiuns inspirados ou psicógrafos, audientes ou sonambúlicos, que se deixaram conduzir pelos guias da Humanidade, a fim de apressarem a obra do progresso terrestre?!

Comunicações indiretas como insólitas hão despertado a consciência humana para a realidade espiritual do ser, a todos conclamando para a ação do bem, da justiça e do amor.

No mediunato, entretanto, o servidor atinge o seu momento supremo, deixando de manter a personalidade dominadora, para que o Cristo nele se manifeste e habite, conforme declarou o médium de Tarso, na sua doação total à Causa da Verdade: – "Já não sou eu o que vivo, mas é o Cristo que vive em mim".